中国网络法治发展报告

（2024年）

国家互联网信息办公室

中国法治出版社

目 录

一、2024年中国网络法治发展概述 …………………… 1

二、网络立法加快推进 …………………………………… 8

 （一）统筹推进数据利用和安全，保障数据发展治理 …………………………………………………… 9

 （二）优化网络法治环境，助力激发网络市场活力 …………………………………………………… 16

 （三）完善新技术新应用管理，助推信息化驱动引领 …………………………………………………… 17

 （四）持续规范网络空间秩序，维护网络合法权益 …………………………………………………… 22

 （五）切实维护网络运行安全，筑牢安全制度屏障 …………………………………………………… 26

三、网络执法提质增效 ………………………………… 29

 （一）深化网络数据安全执法，完善数据治理长效机制 ………………………………………………… 29

（二）加强网络环境治理，助力数字经济高质量发展 ·· 31

（三）强化新技术新应用监督管理，优化治理生态 ··· 35

（四）着力网络乱象整治，破解网络生态新风险新问题 ··· 37

（五）保障网络系统和关键设备安全，推进网络安全管理 ·· 39

（六）开展系列专项行动，惩治网络违法犯罪 ······ 40

四、网络司法持续深化 ······································ 43

（一）持续健全网络司法规则，积极维护网络空间公平正义 ·· 43

（二）深入推进信息技术司法运用，不断创新网络司法模式 ·· 46

（三）全面强化网络权益司法保障，切实维护各类主体合法权益 ···································· 47

五、网络法治宣传教育创新发展 ·························· 51

（一）深入开展习近平法治思想网上宣传，全面展现网络法治建设成就 ···························· 51

（二）加强普法品牌引领，推进网络法治主题宣传 ··· 54

（三）创新应用网络技术，丰富网络法治宣传
形式方法 …………………………………… 58

（四）聚焦重点普法主题，发挥网络法治宣传
引导作用 …………………………………… 59

（五）强化网络法治研究，推动理论实践同频
共振 ………………………………………… 61

六、涉外网络法治稳步推进 ……………………………… 63

（一）积极参与国际规则制定，推动完善涉外
网络法治制度 ……………………………… 63

（二）广泛分享中国治网理念，深入开展网络
法治国际交流合作 ………………………… 68

（三）全面搭建国际交流平台，促进网络治理
共商共建 …………………………………… 70

七、网络法治建设的形势与展望 ……………………… 73

（一）网络法治建设面临新机遇新挑战 ………… 73

（二）2025 年中国网络法治建设展望 …………… 76

附　录　中国网络法治大事记（2024 年） …………… 81

后　记 ………………………………………………………… 97

一、2024年中国网络法治发展概述

2024年是习近平总书记提出网络强国战略目标10周年，也是我国网络法治建设起步30周年。30年来，我国互联网走过了波澜壮阔的发展历程，我国成为举世瞩目的网络大国，并向着网络强国阔步迈进。在推进互联网快速发展的同时，我国坚持依法治网，网络法治建设历经了从无到有、由点及面、由面到体的发展过程。

党的十八大以来，习近平总书记深刻把握信息时代的"时"与"势"，将依法治网纳入全面依法治国工作布局和网络强国建设全局，围绕依法治网这一重大时代课题，提出一系列新思想新观点新论断，形成了习近平总书记关于网络法治的重要论述，明确了网络法治在党和国家事业全局中的重要地位、战略目标、原则要求、国际主张和基本方法等，为做好新时代网络法治工作提供了根本遵循和行动指南。2023年7月，习近平总书记对网络安全和信息化工作作出重要指示，明确了"十个坚持"重要原则，强调"坚持依法管网、依法办网、依法上网",为进一步做好新时代网络法治工作指明了方向。

在以习近平同志为核心的党中央坚强领导下,在习近平新时代中国特色社会主义思想指引下,我国深入推进网络空间法治化,网络法治建设取得历史性成就,实现跨越式发展。互联网管理领导体制日趋完善、网络法律体系不断健全、网络法治实施持续深化、网络法治意识和素养全面提升、网络法治国际交流合作持续推进,走出了一条既符合国际通行做法,又有中国特色的依法治网之路,为网络强国建设提供了坚实有力的服务保障。

2024年7月,党的二十届三中全会审议通过《中共中央关于进一步全面深化改革、推进中国式现代化的决定》(以下简称《决定》)。《决定》从党和国家事业发展全局出发,强调在法治轨道上深化改革、推进中国式现代化,做到改革和法治相统一,重大改革于法有据、及时把改革成果上升为法律制度,加强网络空间法治建设,促进平台经济创新发展,健全未成年人网络保护工作体系,建立高效便利安全的数据跨境流动机制,建立人工智能安全监管制度等,对网络法治工作提出了新要求新任务。各地各部门紧紧围绕党中央部署要求,准确把握网络法治建设的使命任务,持续增强做好网络法治工作的使命感责任感紧迫感,聚焦重点、攻坚克难、开拓进取,系统推进网络立法、网络执法、网络司法、网络法治宣传教育、网络法治研究和涉外网络法治建设等各方面工作，取得了一系列新成效新突破。

聚焦网络治理重点，以高质量网络立法护航高质量发展。适应互联网发展新形势，强化制度创新，网络法律体系进一步完善。统筹数据发展与安全，出台《网络数据安全管理条例》，深化构建网络数据安全基础制度，规范网络数据处理活动，促进网络数据依法合理有效利用。公布《促进和规范数据跨境流动规定》，优化数据跨境流动机制，保障扩大高水平对外开放。促进释放数据要素价值，加快完善公共数据、企业数据资源开发利用制度，推动数据产业高质量发展。激发网络市场活力，推进民营经济发展基础性立法，完善网络市场准入、网络不正当竞争规制等制度。着眼信息化发展，探索人工智能、终端设备直连卫星、自动驾驶等新兴领域立法，促进和规范前沿技术发展应用。回应人民群众期盼，公布我国首部反网络暴力专门部门规章《网络暴力信息治理规定》，健全网络暴力信息治理制度，营造良好网络生态。坚守网络安全底线，完善网络信息和数据保密管理制度，持续建强网络安全保护法治屏障。

网络执法多线并进，保障网络空间规范有序。我国坚持深化网络法律法规实施，综合运用执法约谈、警告、罚款等处置处罚手段，持续推进网络执法。促进数据跨境有序流动，加强网络数据安全管理，深化个人信息保护执法，提升网络数据安全治理监管能力。开展数字市场秩序维护、网络平台治理、网络知识产权保护等行政执法，保障数字经济健康发展。聚焦新技术新应用快速发展，加强网络平台算法典型问题治理，促进规范生成式人工智能服务。2024年，全国网信系统依法对11159家网站平台予以约谈，对4046家网站平台实施警告或罚款处罚，会同电信主管部门取消违法网站许可或备案、关闭违法网站10946家；全国公安机关落实《中华人民共和国网络安全法》（以下简称《网络安全法》）、《中华人民共和国数据安全法》（以下简称《数据安全法》）、《中华人民共和国个人信息保护法》（以下简称《个人信息保护法》）等法律法规，累计开展监督检查20万余次。围绕人民群众新期待新要求，网信、工信、公安、版权等部门开展"清朗""净网""剑网"等系列专项行动，重拳打击传播虚假和低俗信息、侵害未成年人合法权益、网络侵权盗版等违法违规行为。深化落实网络安全基础制度，持续强化互联网基础资源管理，筑牢网络安全屏障。重点打击电信网络诈骗、网络暴力和网络水军等相关违法犯罪，推动网络生态持续向好。

创新规则制定和治理模式，加大网络权益司法保护力度。我国坚持司法公正、司法为民，运用网络信息技术赋能传统司法，使人民群众获得更加公正公平、公开透明、高效便捷的司法服务。针对反电信网络诈骗、未成年人网络保护、网络知识产权保护等重点领域，最高人民法院、最高人民检察院、公安部印发《关于办理跨境电信网络诈骗等刑事案件适用法律若干问题的意见》等文件，积极健全网络司法规则，公平正义在网络空间进一步彰显。持续深化互联网法院建设，深入实施数字检察战略，积极应用人工智能、大数据、区块链等新技术，不断提升网络司法建设水平。聚焦保障网络空间各类主体权益，坚决依法惩治侵犯个人信息权益、网络知识产权等网络违法犯罪行为。

持续提升内容生产力和传播力，全面加强网络法治宣传教育。我国持续深化习近平法治思想网上宣传，开展"中国网络法治三十年"成就宣传，全景式、体系化展现30年来网络法治建设成就和经验，展望未来前景。网信部门持续深化"全国网络普法行"品牌示范引领作用，先后在京津冀、江苏、内蒙古、云南、安徽等地举办五站集中普法活动，集中开展各类法治宣传1400余场次，推出法治主题网络报道近3.1万篇次，网上阅读量累计达46.8亿次。公安部充分利用全国公安网安新媒体矩阵，宣发典型案例800余次；打造"网警打谣记"品牌，会同中央广电总台开设《真相来了》栏目，深度报道重大案事件，强化以案释法。各地各部门紧密围绕国家宪法日、国家网络安全宣传周等重要时间节点，着重宣传普及网络安全、数据安全、个人信息保护、网络暴力治理和防范电信网络诈骗等网络法律法规，以网络普法滋润网络空间，教育引导广大网民依法上网、文明上网，理性表达、有序参与，共同营造风清气正的网络环境。创新网络法治宣传教育形式，充分利用数字化、智能化手段，增强人民群众实时互动体验感。网络法治研究学科建设和理论研究持续强化，为网络法治建设提供了有力的智力支持。

加强协作凝聚共识，开拓涉外网络法治合作新局面。 我国在网络领域涉外立法、网络空间国际规则制定、网络法治国际交流合作及平台搭建等方面持续发力，推动涉外网络法治体系建设走深走实。积极完善数据安全、数据跨境流动等重要领域涉外法律法规，展示我国坚定不移推进高水平对外开放的立场，为全球网络治理积极贡献中国方案。支持发挥联合国在网络空间国际治理中的主渠道作用，参与制定《联合国打击网络犯罪公约》，为全球范围内打击网络犯罪合作提供法律框架。在数据跨境流动、新兴技术及电信服务等领域，探索加强与相关国家和地区的双边规则谈判与合作。与多国建立常态化网络法治沟通机制，通过举办网络法治论坛、网络安全对话会议等，促进全球共同分享互联网发展的机遇和成果。依托世界互联网大会、中非互联网发展与合作论坛等重要平台，积极宣介我国依法治网理念主张和实践成果，打造网络法治建设领域的交流平台，携手构建网络空间命运共同体。

二、网络立法加快推进

网络立法作为夯基垒台、固本强基的工作，是依法治网的基础和前提。2024年，党的二十届三中全会对"深化立法领域改革"作出明确部署，提出统筹立改废释纂，加强重点领域、新兴领域、涉外领域立法。习近平总书记在党的二十届三中全会第二次全体会议上强调，坚持以制度建设为主线，要加强顶层设计、总体谋划，破立并举、先立后破，筑牢根本制度，完善基本制度，创新重要制度。全国人大常委会和国务院将多部网络立法项目列入年度立法工作计划。我国深化网信领域改革，加快制定修订网络领域相关法律规范，持续夯实网络空间法治基础，网络立法的系统性、整体性、协同性和时效性不断增强。

（一）统筹推进数据利用和安全，保障数据发展治理

数据作为新型生产要素，是数字化、网络化、智能化的重要基础。随着新一轮科技革命和产业变革深入发展，数据价值日益凸显。我国持续完善数据要素市场和数据安全相关制度，积极推进完善数据发展治理法律制度。

健全网络数据发展和安全管理制度。随着信息技术和人们生产生活交汇融合，数据处理活动更加频繁，数据安全风险日益聚焦在网络数据领域，给经济社会发展和国家安全带来严峻挑战。2024年9月，国务院公布《网络数据安全管理条例》。该条例统筹网络数据领域高质量发展和高水平安全，进一步完善我国数据安全管理法律体系，对促进网络数据依法合理有效利用、护航数字经济发展具有重要意义，为网络数据安全提供了坚实制度保障。

该条例规定网络数据发展与促进制度。鼓励网络数据在各行业、各领域的创新应用，对网络数据实行分类分级保护，积极参与网络数据安全相关国际规则和标准的制定；支持相关行业组织按照章程，制定网络数据安全行为规范，加强行业自律，指导会员加强网络数据安全保护，提高网络数据安全保护水平，促进行业健康发展。

该条例完善个人信息保护和重要数据安全制度。明确处理个人信息的规则和应当遵守的具体规定；要求网络数据处理者提供便捷的支持个人行使权利的方法和途径，不得设置不合理条件限制个人的合理请求；明确使用自动化采集技术等采集个人信息的保护义务，细化个人信息转移请求实现途径等；完善重要数据安全制度，明确制定重要数据目录职责要求，规定网络数据处理者识别、申报重要数据义务，明确重要数据风险评估具体要求。

该条例明确网络平台服务提供者义务。规定网络平台服务提供者、第三方产品和服务提供者等主体的网络数据安全保护要求；明确通过自动化决策方式向个人进行信息推送的规则，规定大型网络平台服务提供者发布个人信息保护社会责任年度报告、防范网络数据跨境安全风险等要求。

探索数据资源开发利用基础制度。我国数据要素市场日趋活跃，数据产量保持快速增长态势，数据流量规模持续增长，数据要素市场化改革步伐加快。加强数据资源开发利用的制度供给，日益成为释放数据要素价值的重要要求。2024年9月，中共中央办公厅、国务院办公厅印发《关于加快公共数据资源开发利用的意见》，从扩大公共数据资源供给、规范公共数据授权运营、推动数据产业健康发展、营造开发利用良好环境、强化组织实施等方面提出了 17 项具体措施，为公共数据开发利用明确了重要指引。

围绕进一步推进数据资源开发利用，国家有关部门积极推进相关制度建设。2024 年 10 月至 12 月，国家发展改革委、国家数据局相继就《公共数据资源登记管理暂行办法（公开征求意见稿）》、《公共数据资源授权运营实施规范（试行）》（公开征求意见稿）、《关于完善数据流通安全治理　更好促进数据要素市场化价值化的实施方案（征求意见稿）》公开征求意见，拟对公共数据资源登记、公共数据授权运营、数据流通安全治理等作出规范。12 月，国家数据局、中央网信办、工业和信息化部、公安部、国务院国资委印发《关于促进企业数据资源开发利用的意见》，明确健全企业数据权益实现机制、培育企业数字化竞争力、赋能产业转型升级、服务经济社会高质量发展、营造开放透明可预期的发展环境等具体部署。同月，国家发展改革委、国家数据局、教育部、财政部、金融监管总局、中国证监会印发《关于促进数据产业高质量发展的指导意见》，明确促进数据产业高质量发展的工作措施。

优化数据跨境流动制度。数据跨境流动日益成为全球资金、信息、技术、人才、货物等资源要素交换、共享的基础。根据《网络安全法》《数据安全法》《个人信息保护法》，2024 年 3 月，国家网信办公布《促进和规范数据跨境流动规定》，进一步明确数据出境安全评估、个人信息出境标准合同、个人信息保护认证等数据出境制度的实施与衔接，明确免予申报数据出境安全评估、订立个人信息出境标准合同、通过个人信息保护认证的数据出境活动条件，设立自由贸易试验区负面清单制度，调整应当申报数据出境安全评估、订立个人信息出境标准合同、通过个人信息保护认证的数据出境活动条件，并延长数据出境安全评估结果有效期，优化数据跨境流动制度。《网络数据安全管理条例》进一步优化网络数据跨境安全管理规定，明确网络数据处理者可以向境外提供个人信息的条件，规定可以按照缔结或者参加的国际条约、协定向境外提供个人信息，规定未被相关地区、部门告知或者公开发布为重要数据的，不需要将其作为重要数据申报数据出境安全评估。

此外，国家网信办与澳门特别行政区政府经济财政司签署《关于促进粤港澳大湾区数据跨境流动的合作备忘录》，与澳门特别行政区政府经济及科技发展局、澳门特别行政区政府个人资料保护局共同发布《粤港澳大湾区（内地、澳门）个人信息跨境流动标准合同实施指引》，进一步促进内地与澳门数据跨境安全有序流动，推动粤港澳大湾区高质量发展。海南省第七届人大常委会第十四次会议通过《海南自由贸易港国际数据中心发展规定》，支持开展国际数据中心业务,明确促进数据跨境流动的具体路径。广东省互联网信息办公室发布《关于落实〈粤港澳大湾区(内地、香港)个人信息跨境流动标准合同实施指引〉的通知》,促进粤港澳大湾区个人信息跨境安全有序流动。

专栏 1　促进数据依法有序自由流动保障扩大高水平对外开放

我国积极促进数据依法有序自由流动,注重平衡发展与安全,持续完善数据跨境流动制度体系。《网络安全法》《数据安全法》《个人信息保护法》对数据出境活动作出明确规定,形成了以重要数据和个人信息两大类数据出境为主的数据跨境流动制度。《数据出境安全评估办法》《个人信息出境标准合同办法》《个人信息保护认证实施规则》明确数据出境安全评估、个人信息出境标准合同、个人信息保护认证三项主要数据出境路径的实施办法。

在此基础上,2024 年 3 月,国家网信办公布《促进和规范数据跨境流动规定》,对数据跨境流动制度作出了优化调整,适当放宽数据跨境流动条件,适度收窄数据出境安全评估范围,在保障国家安全的前提下,便利数据跨境流动,降低企业合规成本,充分释放数据要素价值,扩大高水平对外开放。9 月,国务院公布《网络数据安全管理条例》,总结数据跨境流动制度实施经验,进一步在网络数据处理者可以向境外提供个人信息的条件中新增为履行法定职责或者法定义务确需向境外提供个人信息的情形,并优化网络数据跨境安全管理相关制度,不断完善高效便利安全的数据跨境流动机制。

健全数字经济促进制度。数字经济已经成为建设现代化经济体系的重要引擎。近年来,《数字中国建设整体布局规划》《"十四五"数字经济发展规划》等一系列战略规划出台,明确完善法律法规体系、研究制定数字领域立法规划、及时按程序调整不适应数字化发展的法律制度等重要要求。《十四届全国人大常委会立法规划》明确将数字经济促进法列入第二类立法项目。

2024年,各地因地制宜开展数字经济促进立法。《内蒙古自治区数字经济促进条例》提出按照打造全国一体化算力网络国家枢纽节点、北方数字经济发展高地、数字丝绸之路战略枢纽的发展定位制定数字经济促进措施。《湖南省数字经济促进条例》将中国(湖南)自由贸易试验区发展、文化产业数字化、"湘易办"超级服务端建设等省内行之有效的经验做法总结提炼上升为法规制度。《海南自由贸易港数字经济促进条例》明确适度超前布局数字基础设施,对接国际高标准经贸规则,彰显海南自由贸易港特色。《黑龙江省数字经济促进条例》明确推动龙粤港澳联动发展、参与推进东北地区数字经济一体化发展、边境乡村设施建设等特色制度。

完善个人信息保护和数据安全管理规则。数据安全涉及经济社会发展的各个方面和环节,我国注重在相关领域立法中完善数据安全制度,加强数据安全保护。2024年6

月，十四届全国人大常委会第十次会议通过修订后的《中华人民共和国突发事件应对法》，增加关于个人信息保护的规定，严格规范个人信息处理活动。11月，十四届全国人大常委会第十二次会议通过修订后的《中华人民共和国反洗钱法》，进一步加强反洗钱领域的个人信息和数据安全保护。

为规范重点行业和领域数据处理活动，工业和信息化部、财政部、国家网信办、自然资源部、金融监管总局等有关部门结合行业和领域实际，加快完善数据安全管理规则，制定《工业和信息化领域数据安全风险评估实施细则（试行）》《工业和信息化领域数据安全事件应急预案（试行）》《会计师事务所数据安全管理暂行办法》《自然资源领域数据安全管理办法》《银行保险机构数据安全管理办法》等，细化相关数据安全和个人信息保护制度。2024年7月，公安部、国家网信办联合就《国家网络身份认证公共服务管理办法（征求意见稿）》公开征求意见，拟进一步探索实施网络可信身份战略，推进国家网络身份认证公共服务建设，保护公民身份信息安全。

（二）优化网络法治环境，助力激发网络市场活力

清朗网络空间和良好网络竞争生态有利于促进市场经济健康发展。我国坚持改革和法治相统一，进一步完善民营经济、市场运行等方面法律制度，维护公平公正的市场环境。

推进民营经济发展基础性立法。党的十八大以来，以习近平同志为核心的党中央高度重视发展民营经济，采取一系列重大举措。为进一步优化民营经济发展环境，促进民营经济持续、健康、高质量发展，党的二十届三中全会明确提出，制定民营经济促进法。2024年10月，司法部、国家发展改革委就《中华人民共和国民营经济促进法（草案征求意见稿）》公开征求意见。12月，该法草案由国务院提请十四届全国人大常委会第十三次会议初次审议。

完善网络不正当竞争行为规制制度。为预防和制止网络不正当竞争行为，维护公平竞争的市场秩序，保护经营者和消费者的合法权益，我国持续完善网络反不正当竞争制度。2024年5月，市场监管总局公布《网络反不正当竞争暂行规定》，明确网络不正当竞争行为类型，规制滥用

数据算法获取竞争优势等问题，健全网络竞争行为规则。12月，十四届全国人大常委会第十三次会议审议了《中华人民共和国反不正当竞争法（修订草案）》。

优化网络市场准入制度及行政处罚措施。为激发市场主体活力，我国持续优化调整网络市场准入等制度。2024年1月，工业和信息化部公布《关于修改部分规章的决定》，对现行《电信设备进网管理办法》《非经营性互联网信息服务备案管理办法》的部分条款进行了修改，取消或调整了有关罚款事项。12月，《国务院关于修改和废止部分行政法规的决定》公布，对《互联网上网服务营业场所管理条例》《互联网信息服务管理办法》等行政法规进行了修改，在全国范围推广自由贸易试验区暂时调整适用有关行政法规规定试点的成功经验，取消了部分审批事项，将部分审批事项改为备案管理。

（三）完善新技术新应用管理，助推信息化驱动引领

近年来，人工智能、卫星通信等新技术不断突破，新业态持续涌现，为经济社会发展注入了强劲动能。2024年，我国坚持统筹高质量发展和高水平安全，探索开展生成式人工智能、终端设备直连卫星、电子单证、自动驾驶

等新技术新应用新业态相关立法，完善业余无线电台管理规则，切实保障高质量发展。

探索人工智能发展治理规则。我国人工智能产业蓬勃发展，产业规模和产品数量迅速增加，与人民生产生活关系日益密切，对人工智能发展和管理机制提出挑战。《网络数据安全管理条例》明确生成式人工智能相关数据安全制度，规定提供生成式人工智能服务的网络数据处理者应当加强对训练数据和训练数据处理活动的安全管理，采取有效措施防范和处置网络数据安全风险。2024年9月，国家网信办就《人工智能生成合成内容标识办法（征求意见稿）》公开征求意见，拟进一步细化人工智能内容标识规定，明确显式标识和隐式标识应用场景、生成合成内容传播活动规范管理等制度要求。同月，在国家网络安全宣传周主论坛上，全国网络安全标准化技术委员会发布《人工智能安全治理框架》1.0版。该框架从技术、应用维度分析人工智能安全风险，提出技术和治理应对措施、安全开发应用指引，推动人工智能安全治理政府监管、行业自治、企业自律、社会监督协调一致、形成共识。10月，中国气象局发布《人工智能气象应用服务暂行办法》（征求意见稿），拟明确人工智能气象应用服务支持与促进、服务规范、监督管理等制度。

专栏2　人工智能立法稳步推进

近年来，我国不断加强人工智能立法，初步构建涵盖法律、行政法规、部门规章及地方性法规等多层次和数据、算法、应用等多维度的人工智能法律法规制度框架。一方面，通过相关法律法规明确人工智能发展治理基础制度。《中华人民共和国电子商务法》《个人信息保护法》等对个性化推荐、自动化决策进行了规定，《中华人民共和国民法典》明确禁止利用信息技术手段伪造等方式侵害他人的肖像权的行为，并参照肖像权保护的有关规定对自然人声音进行保护。《中华人民共和国反垄断法》禁止利用算法实施垄断行为。另一方面，围绕算法、深度合成、生成式人工智能等重点领域制定专门规则。《互联网信息服务算法推荐管理规定》《互联网信息服务深度合成管理规定》明确了算法推荐、深度合成等相关管理制度，《生成式人工智能服务管理暂行办法》作为全球首部生成式人工智能专门立法，规定了生成式人工智能服务基本规范。

为适应大模型快速发展的新形势，2024年9月公布的《网络数据安全管理条例》设置生成式人工智能专条，明确加强对训练数据和训练数据处理活动的安全管理，完善生成式人工智能数据安全制度。在此基础上，我国加快推进人工智能气象应用服务、人工智能生成合成内容标识等立法，以良法善治保障人工智能健康发展。

探索终端设备直连卫星服务管理制度。终端设备直连卫星逐渐成为当前全球移动通信领域发展热点，相关产品和服务加快普及，也伴生相应安全风险。2024年9月，国家网信办就《终端设备直连卫星服务管理规定（征求意见稿）》公开征求意见，旨在促进和规范终端设备直连卫星服务健康发展，维护国家安全和社会公共利益，保护公民、法人和其他组织的合法权益。拟规定终端设备直连卫星服务在技术研发、融合创新、应用生态以及数据资源利用等方面的支持措施，明确网络安全、数据安全、个人信息保护和消费者权益保护等制度，提出终端设备入境、地面设施建设等要求，并明确相关监督管理机制。

推进建立电子运输记录制度。随着全球航运和贸易的快速发展，特别是电子运输记录技术基本成熟和广泛应用，航运贸易数字化发展相关制度建设需求日益迫切。2024 年 11 月，十四届全国人大常委会第十二次会议审议了《中华人民共和国海商法（修订草案）》。12 月，上海市第十六届人大常委会第十八次会议通过《上海市促进浦东新区运用区块链赋能电子单证应用若干规定》，从权益保障的角度对电子单证的法律效力予以明确。

开展自动驾驶技术管理制度创新。自动驾驶技术创新和产业发展方兴未艾，逐渐成为交通强国、网络强国建设的重要内容。相关部门陆续出台制度规范，加快推动自动驾驶技术的发展应用。2024 年 1 月，工业和信息化部、公安部、自然资源部、住房城乡建设部、交通运输部印发《关于开展智能网联汽车"车路云一体化"应用试点工作的通知》，明确建设智能化路侧基础设施、提升车载终端装配率、建立城市级服务管理平台等措施。7月，自然资源部印发《关于加强智能网联汽车有关测绘地理信息安全管理的通知》，明确依法开展智能网联汽车相关测绘活动，加强智能网联汽车涉测绘行为管理，严格涉密、敏感地理信息数据管理等要求。8月至9月，市场监管总局、国家标准委批准发布强制性国家标准《智能网联汽车 自动驾驶数据记录系统》（GB 44497—2024）、《汽车整车信息安全技术要求》（GB 44495—2024）和推荐性国家标准《智能网联汽车 自动驾驶系统通用技术要求》（GB/T 44721—2024），进一步明确了自动驾驶相关技术规范。

各地加快自动驾驶地方立法先行先试，促进自动驾驶技术应用。北京市出台《北京市自动驾驶汽车条例》，促进自动驾驶汽车技术创新和产业发展。杭州、合肥、武汉等地相继公布智能网联汽车应用促进条例，为智能网联汽车的发展与应用提供了积极的制度保障。

健全业余无线电台管理制度。近年来，业余无线电活动加快普及发展，对维护空中电波秩序、保证无线电业务正常进行带来新的规范需求。2024年1月，工业和信息化部公布修订后的《业余无线电台管理办法》，细化业余无线电台管理政策，放开未成年人在一定频率和功率范围内的设台限制，明确参加不同类别操作技术能力验证应当符合的条件，规范业余无线电台日常使用等事项。

（四）持续规范网络空间秩序，维护网络合法权益

截至 2024 年 12 月，我国网民规模达 11.08 亿人，互联网普及率达 78.6%，在亿万网民享受互联网发展成果的同时，如何更好维护网络合法权益成为社会各界普遍关心的重要问题。2024 年全国"两会"期间，未成年人网络保护、网络虚假信息治理、反网络暴力、反电信网络诈骗等主题引发代表委员热议。我国积极回应人民群众新要求新期待，着力维护人民群众合法权益，加快完善相关法规制度。

完善未成年人网络保护制度。2024 年 1 月，我国第一部专门性的未成年人网络保护综合立法《未成年人网络保护条例》施行，标志着我国未成年人网络保护法治建设进入新的阶段。11 月，国家网信办发布《移动互联网未成年人模式建设指南》，在充分体现法律法规要求、系统总结有效实践经验的基础上，提出了未成年人模式建设、运行和使用等全链条方案，明确移动互联网未成年人模式通用规范和移动智能终端、移动互联网应用程序、移动互联网应用程序分发平台的未成年人模式要求，为企业履行未成年人网络保护义务提供指引。

根据《中华人民共和国未成年人保护法》（以下简称《未成年人保护法》）、《未成年人网络保护条例》等法律法规，各地积极开展未成年人网络保护相关立法。陕西省在修订《陕西省实施〈中华人民共和国未成年人保护法〉办法》中增加"网络保护"专章，浙江省在修订《浙江省未成年人保护条例》中重点针对"网络保护"专章进行修改完善。

专栏3　未成年人网络保护的立法探索

我国将未成年人网络保护作为网络空间治理的重要方面，不断完善相关法规制度体系。《网络安全法》提出为未成年人提供安全、健康的网络环境，《个人信息保护法》明确处理未成年人个人信息原则要求，修订后的《未成年人保护法》设置"网络保护"专章并明确未成年人网络保护的基本原则和制度框架。同时，《儿童个人信息网络保护规定》《互联网信息服务算法推荐管理规定》等部门规章明确儿童个人信息网络保护、向未成年人提供算法推荐服务相关要求。

在此基础上，2024年1月施行的《未成年人网络保护条例》从促进未成年人网络素养、加强网络信息内容建设、保护未成年人个人信息、防治未成年人沉迷网络等方面，进一步系统完善未成年人网络保护规则。6月，国家网信办等部门联合公布《网络暴力信息治理规定》，明确涉未成年人网络暴力信息治理专门制度。11月，《移动互联网未成年人模式建设指南》进一步提出移动互联网未成年人模式建设的整体方案。

出台网络暴力信息治理专门规定。网络暴力信息严重侵害公民合法权益，受到社会各界高度关注。2024年6月，国家网信办联合公安部、文化和旅游部、广电总局公布《网络暴力信息治理规定》，提出网络暴力信息治理坚持源头防范、防控结合、标本兼治、协同共治的原则，从明确网络信息内容管理主体责任、建立健全预防预警机制、规范网络暴力信息和账号处置、强化用户权益保护、加强监督管理、明确法律责任等方面，为加强网络暴力信息治理提供有力支撑。

完善网络消费者权益保护规则。我国已经连续多年成为全球第一大网络零售市场，数字消费新动能愈加强劲。与此同时，"大数据杀熟"、自动续费、消费者个人信息保护等问题受到广泛关注。2024年3月，国务院公布《中华人民共和国消费者权益保护法实施条例》，对网络消费存在的问题作出规定，加大对消费者安全权、知情权、自主选择权、公平交易权、安宁权、个人信息等保护力度。在网络消费方面，规定经营者不得利用技术手段，强制或者变相强制消费者购买商品或者接受服务；明确经营者不得在消费者不知情的情况下，对同一商品或者服务在同等交易条件下设置不同的价格或者收费标准；明确经营者采取自动展期、自动续费等方式提供服务的，应当以显著方式提请消费者注意；提出直播营销平台经营者应当建立健全消费者权益保护制度。此外，还明确了经营者保护消费者个人信息的相关义务。

健全个人求助网络服务平台管理制度。随着网络信息技术的发展，个人网络求助现象不断增多，个人求助网络服务平台也在实践中逐步发展。2024年9月，修改后的《中华人民共和国慈善法》施行。该法对个人求助行为和个人求助网络服务平台作出规定。同月，民政部、国家网信办、工业和信息化部、公安部、金融监管总局联合公布《个人求助网络服务平台管理办法》，规定个人求助网络服务平台的指定和主要规则、求助信息真实性查验、捐助资金管理等相关制度，全面规范个人求助网络服务平台管理。

完善电信网络诈骗违法犯罪惩戒措施。深入贯彻《中华人民共和国反电信网络诈骗法》，为打击治理涉诈黑灰产违法犯罪提供有效的惩戒手段和依据，我国持续完善打击治理电信网络诈骗违法犯罪制度。2024年9月，公安部会同国家发展改革委、工业和信息化部、中国人民银行联合公布《电信网络诈骗及其关联违法犯罪联合惩戒办法》，深化实施网络实名制、信用体系建设、个人信息保护等制度，明确对"卡农""号商"等涉诈黑灰产从业者给予信用惩戒，丰富了打击治理电信网络诈骗犯罪的工具箱，形成对现有行政处罚、刑事打击措施的有效补充。

加强网络微短剧规范管理。为促进网络微短剧规范化、精品化，进一步推动科学化管理，2024年2月，广电总局办公厅印发《关于进一步统筹发展和安全 促进网络微短剧行业健康繁荣发展的通知》，明确实施微短剧"分类分层审核"制度和"白名单"制度，提升行政效能，规范传播秩序。

（五）切实维护网络运行安全，筑牢安全制度屏障

当前，网络安全呈现风险交织化、边界融合化的发展趋势，网络安全威胁日渐严峻。2024年，我国围绕国家秘密管理、图像采集、政务应用以及信息通信等领域，持续建强网络安全保护法治屏障，有效应对网络安全风险挑战。

完善网络领域保密安全管理制度。随着信息化、数字化的飞速发展和广泛应用，国家秘密管理难度不断加大，做好网络领域保密安全管理的重要性愈加凸显。2024年2月，十四届全国人大常委会第八次会议通过修订后的《中华人民共和国保守国家秘密法》，规定不得在未按照国家保密规定和标准采取有效保密措施的情况下，将涉密信息系统、涉密信息设备接入互联网及其他公共信息网络

等。7月，国务院公布修订后的《中华人民共和国保守国家秘密法实施条例》，进一步加强网络使用保密管理，明确网络运营者应当遵守保密法律法规和国家有关规定，建立保密违法行为投诉、举报、发现、处置制度，完善受理和处理工作机制，要求在发生泄密事件时立即启动应急预案，采取补救措施，并向保密行政管理部门或者公安机关、国家安全机关报告，对依法实施的保密违法案件调查和预警事件排查予以配合。

规范公共安全视频系统建设使用制度。随着高清化、网络化技术的发展，公共安全视频图像信息系统在前端采集、网络传输、后端平台处理等环节存在的网络安全风险日益凸显。2024年12月，国务院常务会议通过《公共安全视频图像信息系统管理条例（草案）》，重点规范公共场所建设公共安全视频系统、采集视频图像信息的行为，更好维护公共安全、保护个人隐私，明确公共安全视频系统管理单位的系统运行安全管理职责和网络安全、数据安全、个人信息保护义务。

健全互联网政务应用安全管理制度。为进一步加强互联网政务应用安全防护，相关部门加快完善安全管理制度，切实提高互联网政务应用安全防护水平。2024年5月，中央网信办、中央编办、工业和信息化部、公安部联合公布《互联网政务应用安全管理规定》，明确互联网政务应用开办和建设、信息安全、网络和数据安全、电子邮件安全、监测预警和应急处置、监督管理等相关制度。9月，国家密码局公布《电子政务电子认证服务管理办法》，根据电子政务电子认证服务管理现实需要，明确电子政务电子认证服务机构资质认定、行为规范、监督管理等要求。

强化重要行业网络运行安全管理。工业生产、信息通信、电力系统安全稳定运行，关系经济社会发展和人民生产生活。2024年1月，工业和信息化部印发《工业控制系统网络安全防护指南》，进一步明确工业控制系统网络安全管理、技术防护、安全运营等标准。11月，国家发展改革委公布修订后的《电力监控系统安全防护规定》，强化安全接入区防护要求和技术防护措施，规定电力监控专用网络范围，明确供应链及电力监控系统专用安全产品管理制度等。

三、网络执法提质增效

法律的生命力在于实施，法律的权威也在于实施。党的二十届三中全会提出，健全网络生态治理长效机制，健全未成年人网络保护工作体系；健全平台经济常态化监管制度；提升数据安全治理监管能力。2024年，我国全面推进严格规范公正文明网络执法，健全完善网络执法工作协调机制，稳步推进重点领域执法，保障网络空间规范有序，切实营造良好网络环境。持续深入开展"清朗""净网"等系列专项行动，加大对人民群众反映强烈的网络暴力、网络水军、未成年人网络保护等问题的治理力度。

（一）深化网络数据安全执法，完善数据治理长效机制

2024年，我国深入推进网络数据安全治理，积极高效有序推动数据跨境流动，开展移动应用程序（Application，

以下简称 App)、扫码消费等重点环节个人信息执法活动，依法保障人民群众合法权益，保障扩大高水平对外开放。

促进数据跨境有序流动。为进一步完善优化数据出境管理制度，促进数字经济健康发展，防范化解数据跨境安全风险，国家网信办印发《数据出境安全评估申报指南（第二版）》和《个人信息出境标准合同备案指南（第二版）》，指导和帮助企业高效合规开展数据出境活动，优化企业申报流程和材料要求，为企业申报安全评估、备案标准合同提供多种便利。截至 2024 年 12 月，国家网信办共完成安全评估项目 285 个，个人信息出境标准合同备案 1071 个。

扎实推进网络数据安全管理。网信部门针对未履行数据安全保护义务致使数据泄露等违法违规问题，依法采取责令改正、警告、罚款等处置处罚措施，依法查处一批违法违规企业。湖南、重庆等地网信部门聚焦政务数据安全、企业数据泄露等重点问题，持续加大数据安全执法力度，及时约谈相关单位负责人，督促完善数据安全管理制度，落实法律责任和整改要求，进一步提升数据安全保护水平和能力。工业和信息化部印发《工业领域数据安全能力提升实施方案（2024—2026 年）》，明确工业和信息化领域数据安全相关要求，加快提升工业和信息化领域数据安全保护能力。

深入开展个人信息保护执法。网信部门深入推进个人信息保护领域执法，不断健全制度机制、完善工作流程、加大执法力度。聚焦扫码消费等与人民群众生活密切相关的场景，对部分 App 未明示个人信息处理规则、未经同意处理个人信息、未提供账号注销功能等个人信息保护领域违法违规问题，依法采取责令改正、警告等处置处罚措施，切实保护人民群众个人信息权益。北京、上海、海南等地网信部门联合有关部门聚焦用户个人信息被过度采集、强制索要、诱导获取等重点问题，持续加大个人信息保护执法力度，及时约谈相关单位负责人，督促相关单位落实法律责任和整改要求，进一步提升行业个人信息保护合规能力。工业和信息化部深入推进 App 治理，常态化开展 App 技术检测，持续整治违规收集使用个人信息、强制索取权限、"摇一摇"乱跳转等侵害用户权益问题，通报 10 批侵害用户权益的 App（SDK），不断净化移动互联网服务环境。

（二）加强网络环境治理，助力数字经济高质量发展

2024 年，我国加强网络市场秩序维护、网络平台治理和网络知识产权保护等方面监管执法，切实维护良好网络环境，有效规范和引导经营者依法开展生产经营活动，共

同营造包容创新的数字经济发展环境。

切实维护良好网络环境。构建良好网络环境是数字经济高质量发展、充分释放市场活力的重要保障。中央网信办开展"清朗·优化营商网络环境—整治涉企侵权信息乱象"专项行动，聚焦侵犯企业和企业家合法权益的网络信息内容乱象，通过压实网站平台主体责任，规范网站平台受理处置涉企信息举报工作，重点整治无事实依据凭空抹黑诋毁企业和企业家形象声誉、炮制传播虚假不实信息、敲诈勒索谋取非法利益、干扰企业正常生产经营秩序和恶意炒作涉企公开信息等问题。依法依约关闭一批发布侵犯企业和企业家合法权益信息的账号。公安部研究制定系列规范性文件，不断强化执法规范化建设，大力开展涉企网络执法突出问题专项治理，对存在涉企网络执法不规范问题的案件逐一进行整改。2024年6月至7月，国家网信办连续发布典型案例，督促网站平台对侵犯企业、企业家网络合法权益的违法违规行为采取禁言、关闭账号、将账号主体纳入平台黑名单管理等处置措施，切实营造良好的网络环境。上海、浙江、四川等地网信部门分别开展"清朗浦江·e企同行""亲清·护企""净生态·促发展"等专项行动，依法处置网站平台，处置违规账号，清理有害信息，有效维护企业合法权益。

协同推进网络市场秩序治理。平台经济快速发展，成为推动经济增长的重要引擎，但在发展过程中也出现了制假售假、同质化竞争、滥用市场支配地位等问题。市场监管总局会同中央网信办、公安部等13个部门，联合开展2024网络市场监管促发展保安全专项行动，在规范网络市场秩序、打击违法违规行为方面取得显著成效，共查处涉网案件3.6万件，督促平台删除违法商品信息近28.7万条，有力保障了平台经济持续健康发展。2024年，市场监管总局无条件批准涉及平台企业经营者集中申报案件14件，维护市场公平竞争，支持平台企业依法并购。组织开展互联网领域广告治理行动，全国市场监管部门全年共查处互联网领域广告违法案件3万余件，罚没金额1.87亿元。

专栏4　网络市场公平竞争治理成效明显

强化网络市场反垄断监管、深化公平竞争政策，是推动数字经济高质量发展的重要举措。2024年，市场监管部门积极维护网络市场公平竞争，查处金融数据领域反垄断典型案例，对某信息技术有限公司实施滥用市场支配地位行为依法作出行政处罚，促进金融数据合规高效流通使用。持续优化平台竞争生态，针对平台利用"仅退款"规则挤压商家生存空间、助长低质低价竞争风气等问题，约谈主要电商平台，提出具体整改要求，压实平台企业主体责任。8月，督导某大型平台企业完成三年整改，经核查评估，该企业全面停止相关垄断行为，促进改善网络零售市场环境。

多措并举强化网络知识产权保护。版权产业作为国民经济的重要组成部分，在鼓励创新、促进就业、开拓市场等方面发挥了积极作用。我国相关部门突出大案要案查处和重点行业治理，坚持盗版根源治理与传播渠道治理相结合，不断优化版权保护环境。国家版权局会同工业和信息化部、公安部、国家网信办等部门持续推进打击网络侵权盗版"剑网"专项行动，关闭侵权盗版网站705个，查处侵权盗版链接362.82万条，并强化对3029家视频、文学、音乐、新闻网站平台的重点监管，有效规范网络版权秩序。国家版权局先后发布12批104部重点作品版权保护预警名单，要求相关网络服务商对重点作品采取预警保护措施，并持续加大执法情况通报和曝光力度。评选第一批版权强国建设典型案例，充分发挥示范引导作用。全国公安机关开展"昆仑2024"等专项行动，紧盯网络直播间、网络群组、电商平台等重点环节，聚焦食品药品、影视作品、儿童用品等领域，依法严厉打击互联网侵权假冒犯罪活动，集中侦破相关案件1900余起。2024年4月，市场监管总局印发《"守护知识产权"专项执法行动实施方案（2024—2025年）》，部署严厉打击网络销售、直播带货中的侵权假冒行为，保护企业合法权益；9月，组织81家电商平台签订《电子商务平台经营者提升知识产权保护水平自律公约》，以自我承诺方式明确电商平台履行知识产权保护义务的具体要求，促进知识产权保护社会共治。

规范网络文化和在线旅游市场。网络文化和在线旅游市场繁荣发展，不断丰富人民群众精神生活，日益成为带动文化和旅游产业发展的重要力量。为进一步加强网络文化和在线旅游市场管理，2024年，文化和旅游部围绕重点时段、重点问题部署开展监管和执法活动，促进行业健康发展。在重点节假日及寒暑假期间，组织排查清理含有法律法规禁止内容的网络文化产品和违规在线旅游产品。开展文化市场执法领域未成年人保护专项整治行动，查处网络文化领域侵害未成年人权益的违法违规行为。开展旅游市场秩序专项整治行动，清理整治违规在线旅游产品和服务。开展多批次网络文化和在线旅游市场集中执法检查，发现处置违规网络文化和在线旅游产品，执法监管能力进一步提升。

（三）强化新技术新应用监督管理，优化治理生态

2024年，我国着力加强算法治理、深度合成服务监管以及生成式人工智能规范管理，持续提升防范化解新技术新应用安全风险的监管能力。

持续开展算法综合治理。算法推荐技术在满足用户需求、改进用户体验的同时，其不合理应用也引发了一系列问题，不仅影响了正常的传播秩序和社会秩序，也损害了人民群众合法权益。中央网信办聚焦网民关切，开展"清朗·网络平台算法典型问题治理"专项行动，重点整治同质化推送营造"信息茧房"、违规操纵干预榜单炒作热点、盲目追求利益侵害新就业形态劳动者权益、利用算法实施大数据"杀熟"等侵害用户合法权益的重点问题，督促企业深入对照自查整改，健全算法机制机理审核、数据安全的管理制度和技术措施，落实算法安全主体责任，进一步提升算法安全能力。国家网信办按照《互联网信息服务深度合成管理规定》要求，持续开展深度合成服务算法备案工作。截至2024年12月31日，共开展9批深度合成服务算法备案，促进深度合成服务规范发展。北京、上海等地组织本辖区企业召开调研座谈会、分类指导沟通会，督促指导重点网络平台率先开展自查自纠，促进算法应用向上向善。

促进生成式人工智能服务规范应用。当前，我国生成式人工智能技术取得重要突破，国产大模型迅速发展，不断赋能千行百业。网络执法紧跟新技术新应用发展，加强规范引导，督促有关企业健全技术安全保障措施，防范生成虚假有害信息内容。加强对违规"AI换脸拟声"等类型应用的处置处罚，清理违规产品的营销引流信息，防范人工智能技术滥用。国家网信办会同有关部门按照《生成式人工智能服务管理暂行办法》要求，持续开展并不断优化生成式人工智能服务备案工作，对于通过应用程序编程接口（API）或其他方式直接调用已备案大模型能力的生成式人工智能应用或功能，经地方网信部门登记后，可直接上线提供服务。截至2024年12月31日，国家网信办共完成302款生成式人工智能服务备案，其中2024年新增238款备案。各地网信部门共完成105款生成式人工智能产品登记。

（四）着力网络乱象整治，破解网络生态新风险新问题

近年来，网络生态持续向好。同时，"自媒体"乱象、网络谣言、直播和短视频乱象等问题出现新表现新情况。2024年，中央网信办持续开展"清朗"系列专项行动，从严处置违规平台和账号，积极构建清朗网络空间。

持续开展"清朗"系列专项行动。中央网信办紧紧围绕人民群众新期待新要求，集中整治"自媒体"无底线博流量、虚假低俗网络直播、涉企侵权信息、违法外链信息、同城版块内容乱象等，部署开展10次专项行动。持续整治假冒仿冒新闻媒体、未经许可开展互联网新闻信息

服务等问题，加大对违法违规网络信息内容多渠道分发服务机构（MCN）账号处置力度，及时对传播违法违规信息、扰乱网络传播秩序的网站平台和账号采取处置处罚措施，依法维护清朗网络空间。

专栏 5　从严整治"自媒体"无底线博流量行为

2024年4月，中央网信办开展为期两个月的"清朗·整治'自媒体'无底线博流量"专项行动。聚焦"自媒体"无底线造热点蹭热点，制造以假乱真、虚实混杂的"信息陷阱"等突出问题，从严整治漠视公共利益、违背公序良俗、扰乱公共秩序，为了流量不择手段、丧失底线的"自媒体"。通过开展专项行动，加强重点平台和重点环节管理，完善流量管理措施，遏制"自媒体"摆拍造假风，压缩无底线博流量行为空间，提升"自媒体"发布信息可信度。各地网信部门结合本地区实际，加强对"自媒体"教育引导，强化约束和规范。北京市发挥政府、企业、行业、社会四方力量，分领域、分批次开展规范治理。上海市依法处置违法违规"自媒体"账号2.2万余个，重点打击"自媒体"无底线博流量、炮制有害信息、破坏网络环境等乱象行为。

集中整治网上金融信息乱象。国家网信办依法从严治理网上金融信息乱象，会同相关部门处置一批从事非法荐股、非法金融中介等活动的账号，清理金融领域引流类及诱导性违规信息，加大对无资质从事金融相关业务的网站及账号的处置处罚力度。要求从事助贷业务的网站平台规范营销信息展示和营销功能设置，加强信息风险披露。

（五）保障网络系统和关键设备安全，推进网络安全管理

筑牢网络安全防线是推动互联网健康发展的重要基础。2024年，我国持续在网络安全等级保护、重要系统安全保护、网络关键设备安全、网络基础资源等领域开展执法活动，有效化解网络安全风险，从源头筑牢安全屏障。

深化落实网络安全基础制度。相关部门加大网络系统安全领域执法力度，强化安全保障。网信部门依据《网络安全法》《关键信息基础设施安全保护条例》等法律法规，加强关键信息基础设施认定工作，推进相关标准文件制定，持续提升关键信息基础设施安全保护能力。同时，针对未履行网络安全保护义务，未按照法律规定留存相关网络日志，未及时处置系统漏洞等安全风险，致使系统遭攻击篡改等违法违规问题，依法采取责令改正、警告、罚款等处置处罚措施，依法查处一批违法违规企业；针对部分具有舆论属性或社会动员能力的App、小程序未经安全评估即上线提供生成式人工智能服务问题，依法采取下架、下线功能等处置措施。公安机关深化落实网络安全等级保护等制度，持续推进网络安全监督检查、专项整治和实战演练，坚持"日常走访+年度检查"，及时了解网络

运营者的安全防护状态，压紧压实网络运营者主体责任。工业和信息化部持续推进网络关键设备安全检测，共计公布 5 批网络关键设备安全检测结果。

持续强化互联网基础资源管理。 互联网基础资源对保障网络安全具有重要作用。工业和信息化部召开 2024"固源"行动会议，推动互联网基础资源合规治理。浙江、重庆、宁夏等地按照统一部署，聚焦数字目标、细化任务措施，深入开展互联网基础资源合规治理行动，进一步完善互联网资源管理体系，提升互联网基础资源常态化监管效能。

（六）开展系列专项行动，惩治网络违法犯罪

2024 年，我国依法严厉打击网络暴力、网络谣言、侵犯公民个人信息、电信网络诈骗等各类网络违法犯罪活动，切实维护网络秩序和人民群众合法权益。

依法打击网络违法犯罪。 公安机关持续开展"净网2024"专项行动，重拳打击通过网络实施侮辱谩骂、造谣诽谤、侵犯隐私等违法犯罪活动。2024 年，公安机关共侦办网络违法犯罪案件 11.9 万余起，涉及网络谣言案件 4.2 万余起，并查处造谣传谣违法犯罪人员 4.7 万余人，关停违法违规账号 33 万余个，清理网络谣言信息 252 万余条。

> 专栏6 "净网2024"专项行动
>
> 公安机关持续开展"净网2024"专项行动，依法严厉打击整治各类网络违法犯罪活动，不断提高人民群众在网络空间的获得感、幸福感、安全感。针对各类网络黑灰产业为网络赌博、网络色情、网络诈骗等违法犯罪提供滋生土壤、屡禁不绝的情况，公安机关锚定网络黑灰产物料供应、广告推广、技术支持、支付结算等关键领域开展精准打击，不断加大对黑灰产违法信息的识别、阻断和清理力度，侦办网络黑灰产案件2.5万余起。按照"打源头、摧平台、断链条"的工作思路，聚焦信息泄露、信息倒卖、信息使用等关键环节全力破案攻坚，严厉惩处利用职务便利窃取出售个人信息的行业"内鬼"，坚决捣毁买卖个人信息的"地下黑市"，循线斩断非法贷款催收、骚扰广告营销等犯罪链条，侦办侵犯公民个人信息案件7000余起，抓获犯罪嫌疑人1.2万余名。

严厉惩治侵犯公民个人信息犯罪。为有效打击通过网络实施的侵犯公民个人信息等违法犯罪活动，公安机关强化执法力度，坚持全链条、全环节、全要素打击，全面提升打击整治效能。北京、上海、浙江、江西、湖北、四川等地破获多起侵犯公民个人信息案件，有效打击侵犯公民个人信息犯罪，保障人民群众权益。辽宁省将打击侵犯公民个人信息犯罪与"平安护航""冬季攻势"等专项行动深度融合，对侵犯公民个人信息违法犯罪及其关联犯罪发起集中攻坚。

坚决遏制电信网络诈骗犯罪。为依法打击电信网络诈骗等违法犯罪活动，公安机关持续部署开展"云剑""断卡""断流""拔钉"和打击缅北涉我电信网络诈骗犯罪等专项行动，统筹推进打防管控建各项措施，有效遏制电信网络诈骗犯罪上升势头。开展打击涉诈地推引流类违法犯罪集中收网行动，打掉涉诈地推引流作案团伙 106 个，抓获违法犯罪嫌疑人 3350 余名。2024 年 7 月，针对以入侵公司电脑方式冒充企业老板或客户诈骗财会人员的"精准投毒"类电信网络诈骗，公布 5 起典型案例，切实提高相关企业和人员防骗意识能力。

四、网络司法持续深化

公正司法是维护社会公平正义的最后一道防线。党的二十届三中全会提出，健全公正执法司法体制机制。我国司法机关紧扣时代脉搏，立足国情，积极探索互联网时代司法新模式，推动信息技术与司法工作全方位深度融合。不断健全重点领域司法规则，稳步推进数字法院和数字检察工作，依法办理涉网新类型案件，加大网络犯罪惩治力度，有力维护网络空间安全。

（一）持续健全网络司法规则，积极维护网络空间公平正义

2024年，我国司法机关重点围绕未成年人网络保护、反电信网络诈骗、网络环境规范、新就业形态劳动者权益维护等重点领域加强司法裁判规则建设，依法保障网络空间公平正义。

完善网络空间未成年人司法保护规则。我国司法机关积极探索适合未成年人身心特点的审判工作方式和司法制度。2024年3月，最高人民检察院发布5件未成年人网络保护指导性案例，明确网络诈骗、利用网络侵犯公民个人信息、帮助信息网络犯罪活动等案件的惩处原则和未成年人网络保护工作要求。5月，最高人民法院发布《关于全面加强未成年人司法保护及犯罪防治工作的意见》，强调建立"三审合一"审判机制，贯通刑事、民事、行政一体追责机制，建立线索移送、刑民衔接、公益诉讼衔接等机制，充分整合审判资源，加强网络空间未成年人司法保护的源头治理、系统治理。

完善网络空间民商事侵权救济规则。我国人工智能等新兴技术规范不断健全，平台治理规则逐步完善，个人信息保护水平不断提升，但仍面临网络侵权行为复杂多变等治理难题，亟待司法规则进一步协同。2024年4月，最高人民法院与中央宣传部联合印发《关于建立版权纠纷"总对总"在线诉调对接机制的通知》，规定了版权纠纷在线诉调对接机制具体工作内容，进一步提升涉网版权纠纷化解质效。12月，最高人民法院发布《人民法院第六个五年改革纲要（2024—2028年）》，对完善数据权益司法保护制度，以及完善涉网络侵权、人工智能、算法和涉数据不正当竞争等新类型案件的裁判规则提出明确要求，为强化发展新质生产力提供有力司法保障。

> **专栏7　健全司法规则　加强案例指导**
>
> 为营造良好网络环境，2024年6月，最高人民法院发布《关于审理垄断民事纠纷案件适用法律若干问题的解释》，从相关市场界定、规制垄断协议、规制滥用市场支配地位等方面，总结提出了针对性和科学性的裁判规则，积极回应信息技术和数字经济领域反垄断热点与难点问题。9月，发布某网络产品不正当竞争纠纷案、某企业征信数据平台不正当竞争纠纷案等反垄断和反不正当竞争典型案例，有力打击"刷粉刷量"等网络黑灰产业，对于引导平台诚信经营，营造公平竞争、规范有序的市场环境，发挥了积极作用。12月，发布首批4件新就业形态劳动争议专题指导性案例，聚焦外卖骑手、网络主播、代驾司机等职业群体，对司法实践中的突出问题作出回应，依法维护新就业形态劳动者合法权益，保障平台经济健康有序发展。

完善网络犯罪司法规则。近年来，电信网络犯罪形势严峻，成为人民群众反映最强烈的犯罪类型之一。聚焦跨境电信网络诈骗打击治理重点问题，2024年6月，最高人民法院、最高人民检察院、公安部印发《关于办理跨境电信网络诈骗等刑事案件适用法律若干问题的意见》，明确事实认定、证据审查、法律适用、政策把握等问题，统一司法标准尺度。

（二）深入推进信息技术司法运用，不断创新网络司法模式

2024 年，我国司法机关以信息技术赋能传统司法，加快推进数字法院建设，持续深化互联网法院建设，不断提升数字检察工作水平，深化智能技术检察应用，创新网络空间司法治理新模式。

持续提升网络司法建设水平。完善互联网法院案件管辖规则，进一步深入开展调整互联网法院管辖的论证研究，研究制定关于互联网法院案件管辖的相关规则，推动形成科学合理、有序衔接的互联网审判格局。积极提升数字化诉讼服务水平，打造以数字化为支撑的全国法院一体化诉讼服务格局。2024 年，我国法院提供跨域诉讼服务7918 次，累计在线二审立案超 37 万件，立案周期较试点前全国法院平均二审立案周期缩短七成以上。上海、江苏等地开展"版权 AI 智审"应用试点，借助"以图搜图"技术和海量数据底池，实现"单图溯源""创新比对""相似比对"三大功能，提升著作权类案件审判查明事实和认定判断的准确度，便利权利人维权取证，打击权利滥用，防范虚假诉讼，助力从源头预防图片版权类纠纷。

持续提升检察机关新质法律监督能力。最高人民检察

院以"数字赋能监督、监督促进治理",全面推进智能技术在检察起诉工作中的深度应用。聚焦网络违法犯罪治理,依托全国检察机关大数据法律监督模型推广活动及大数据法律监督模型平台,共享有关模型30余个,形成了对网络销售食品药品、医疗、网约车、个人信息保护等多领域网络违法犯罪的立体监督。浙江、江西等地围绕解决经营主体发展痛点难点和民生领域群众"急难愁盼",研发行政检察大数据法律监督模型,挖掘发现监督线索、治理漏洞,推动行政检察监督由个案向类案、由被动向主动、由办案向治理转型升级。安徽、重庆等地整合多方数据资源,搭建可视化办案平台,重点对金融领域"逃废债"、利用虚假诉讼(劳动仲裁)补缴社保等问题加强监督。

(三)全面强化网络权益司法保障,切实维护各类主体合法权益

2024年,我国司法机关明确人工智能等新兴技术应用边界,加大对涉电信网络诈骗、网络暴力、网络传销等重点类型网络犯罪的惩治力度,有力保障人民群众在网络空间的合法权益。

加强网络权益司法保障。检察机关依法加大对非法获

取企业经营数据、网络侵权盗版、侵犯商业秘密等违法犯罪的惩治力度，保护企业数据权益，维护公平竞争的市场秩序。针对企业反映强烈的编造网络谣言强行索财、讹取"封口费"等问题，最高人民检察院开展专项行动，先后发布"依法惩治利用网络暴力侵犯企业合法权益""依法惩治新闻敲诈和假新闻犯罪"典型案例，坚决对涉企网络暴力"亮剑"。审判机关加强企业数据权益司法保护，以高质量审判护航数字经济高质量发展。广州互联网法院审理电商平台数据"搬家"案，明确电商平台经营者依法依约收集并处理商品数据，有权对平台内商品数据主张权利。深圳市中级人民法院审理企业征信数据平台违反数据质量保证义务不正当竞争纠纷案，明确企业征信平台未采取合理措施纠正征信平台中的数据偏差，违反合理纠错义务，构成不正当竞争。

保护公民网络空间合法权益。在依法监督侵害个人信息安全行为方面，最高人民检察院部署开展"检护民生"专项行动，积极稳妥扩大个人信息保护办案规模，加强刑事检察与公益诉讼检察衔接协作，集中办理一批个人信息保护重点案件，检察机关起诉利用网络实施的侵犯公民个人信息犯罪2400余人，办理个人信息保护及其他网络治理领域公益诉讼案件5000余件。在依法惩治网络暴力违法犯罪方面，全国法院以侵犯公民个人信息罪对292人定罪判刑，以侮辱罪、诽谤罪对91人定罪判刑，一审审结隐私权、个人信息保护纠纷民事案件2248件，审理"网络水军实施流量造假案""游戏账号和游戏币虚拟财产案"等新型互联网案件。在依法惩治侵犯人身权利行为方面，最高人民检察院发布相关典型案例，明确对于"严重危害社会秩序"的网络侮辱行为，准确适用公诉程序，为受害人及时提供有效法律救济；全国检察机关对网络侮辱、诽谤犯罪依法提起公诉，持续加大侵害英雄烈士姓名、名誉、荣誉公益诉讼案件的办理力度。在依法监督新业态食品安全方面，检察机关聚焦社区团购、网络营销、直播带货等新业态涉食品安全问题开展专项监督，共立案涉互联网食品药品安全公益诉讼案件2700余件，发出检察建议1300余件，提起公益诉讼200余件。

保护涉网知识产权。全国法院一审审结侵害作品信息网络传播权纠纷案件125202件，同比上升15.71%；审结著作权权属纠纷案件5450件，同比上升24.94%。最高人民检察院针对侵犯知识产权犯罪新型化、复杂化、网络化等趋势特点，依法惩治侵犯著作权、商标权、商业秘密等知识产权犯罪，强化以案释法，加大惩治力度。

惩治各类突出网络犯罪。最高人民法院、市场监管总局联合发布依法惩治网络传销犯罪典型案例，并立足网络传销违法犯罪的新特点新变化新情况，依法从严惩处网络传销违法犯罪活动。最高人民检察院深入推进打击治理跨境电信网络诈骗专项行动，积极参与"断卡""断流""拔钉"等专项行动。检察机关加大对关键信息基础设施的司法保护力度，依法严惩非法侵入、破坏计算机信息系统等违法犯罪活动。

专栏 8　依法全链条打击惩治跨境电信网络诈骗犯罪

我国司法机关依法全链条打击惩治跨境电信网络诈骗犯罪，坚持依法从严惩处、依法准确惩处、依法全面惩处、全力追赃挽损四个基本原则，注重源头治理，打击治理工作取得积极成效。2024 年 6 月，最高人民法院、最高人民检察院、公安部印发《关于办理跨境电信网络诈骗等刑事案件适用法律若干问题的意见》，联合发布"依法惩治跨境电信网络诈骗及其关联犯罪"典型案例。

2024 年，检察机关起诉电信网络诈骗犯罪 7.8 万余人，依法严厉惩处电信网络诈骗及其关联犯罪，特别是突出打击惩治人民群众反映强烈的跨境电信网络诈骗活动。最高人民检察院深入开展打击涉缅北跨境电信网络诈骗专项行动，向 28 个省份交办督办 5 万余名境外回流人员案件。截至 2024 年底，检察机关共依法批捕涉缅北集中遣返涉诈人员 4 万余人，提起公诉 3 万余人。最高人民检察院联合公安部挂牌督办一批重大跨境电信网络诈骗犯罪集团案件，指导浙江温州检察机关对缅北明家犯罪集团及关联犯罪集团成员 39 人提起公诉。

五、网络法治宣传教育创新发展

党的二十届三中全会《决定》明确，弘扬社会主义法治精神，改进法治宣传教育。2024年，我国紧紧围绕贯彻落实习近平法治思想、习近平文化思想和习近平总书记关于网络强国的重要思想，深入落实"八五"普法规划，精心做好网络法治宣传，着力营造网络空间尊崇法治、捍卫法治、厉行法治浓厚氛围，使尊法守法成为亿万网民共同追求和自觉行动，不断凝聚服务保障网络强国建设、推进中国式现代化的强大力量。

（一）深入开展习近平法治思想网上宣传，全面展现网络法治建设成就

各地各部门将学习宣传贯彻习近平法治思想特别是习近平总书记关于网络法治的重要论述作为网络法治宣传的首要任务，多角度多层次做好网上宣传报道。

全景呈现习近平法治思想新发展新实践。各地各部门不断丰富阐释解读内容，创新宣传载体形式，深入阐释解读习近平法治思想，宣传报道党中央关于法治建设和改革重大部署，生动展示各地深入贯彻习近平法治思想的火热实践。江苏、江西等地网信部门指导属地媒体网站，开通习近平法治思想"E 起学习"平台，开设《学而时习之》《学习进行时》等 AI 视频专栏专题，生动阐释习近平法治思想核心要义。

全面展现中国网络法治建设历史性成就。全面回顾和总结中国网络法治建设 30 年特别是党的十八大以来的光辉历程和历史性成就，进一步凝聚全面推进网络空间法治化的思想共识，坚定走中国特色依法治网之路的决心信心。中央网信办会同有关部门撰写发布《中国网络法治三十年》报告，刊发理论文章，召开新闻发布会、座谈会、研讨会，组织"法治网事"重大主题网络宣传。

专栏 9　"中国网络法治三十年"总结研讨和宣传

中央网信办充分发挥统筹协调职责，汇聚中央和国家机关有关单位集体智慧，组织开展了以"中国网络法治三十年"为主题的总结研讨和宣传活动。2024 年 6 月，发布《中国网络法治三十年》报告，从网络法治起步、加快推进、高质量发展三个阶段全面总结我国网络法治建设情况，展现 30 年来网络法治建设成就、宝贵经验和未来前景。6 月 18 日，国务院新闻办举行网络法治保

续表

障高质量发展新闻发布会，国家网信办会同最高人民法院、工业和信息化部、市场监管总局介绍网络法治保障数字经济发展、跨境数据流动、人工智能法治建设等方面情况。6月21日，中央网信办会同司法部、工业和信息化部、公安部等部门，组织网信企业、行业组织、高端智库等相关单位召开"网络法治护航网络强国建设"座谈会。7月16日，在《求是》杂志刊发中央网信办室务会署名文章《以网络法治高质量发展服务保障网络强国建设》。7月29日，中央网信办会同中央依法治国办、教育部组织召开"迈向网络法治新征程　推动网络法治新发展"研讨会。同时，组织开展"法治网事"重大主题宣传，各地各网站制作发布解读产品1.4万余部，相关话题总阅读量超7亿次。

全力推动重点群体笃信笃行习近平法治思想。各地各部门抓住领导干部"关键少数"，将习近平法治思想、重要网络法律法规纳入领导干部专题学法等学习培训活动。围绕青少年、互联网企业从业人员等重点群体开展网络法治宣传，切实推动重点对象学法用法落到实处。网信部门组织领导干部参加"网络法治讲堂""党建与业务融合讲坛"及在线理论学习教育，通过全国网络普法培训班、网络法治最新成果宣讲等形式组织互联网从业人员等重点群体学法用法，深入学习宣传习近平法治思想，推动自觉做习近平法治思想的坚定信仰者、积极传播者、模范实践者。

（二）加强普法品牌引领，推进网络法治主题宣传

坚持以网为主、内容为王，持续强化法治宣传重大主题策划，深入开展系列网络法治主题宣传，持续壮大网上法治宣传声势，助力尊法学法守法用法蔚然成风。

"全国网络普法行"品牌示范引领持续强化。中央网信办联合司法部、全国普法办深入开展2024年"全国网络普法行"系列法治宣传，先后在京津冀、江苏、内蒙古、云南、安徽等地举办五站活动，共集中开展各类法治宣传1400余场次，推出法治主题网络报道近3.1万篇次，网上阅读量累计达46.8亿次，深入宣传普及网络法律法规，助力提升全社会网络法治素养和法治意识。河南、湖南、贵州等多地积极响应，配套开展省域"网络普法行"法治宣传。

专栏10　"全国网络普法行"系列法治宣传

2024年"全国网络普法行"着力用好网络主渠道，以互联网优势彰显法治正能量，以网络法治宣传助力互联网健康发展。京津冀站将网络法治宣传融入区域协同发展重大国家战略，网络话题"e法同行京津冀"阅读量超12亿次，天津征集普法短视频作

续表

> 品近 1 万件，河北开展网络普法宣传周相关活动。江苏站开展"E 起国潮"非遗普法市集、模拟法庭等活动 30 余场，苏沪浙皖四地共同签署网络普法联合倡议。内蒙古站立足边疆民族地区特色，做精做细涉网民生领域普法服务，组织 26 家涉网单位集中布设各具特色的网络法治宣传展台。云南站精心策划"法润彩云南"集成传播品牌，组织开展"法治光辉照边疆"集中宣传报道，创作"抵制网络谣言""反网络暴力"等普法短视频，网络话题"法润彩云南"阅读量超 15 亿次。安徽站组织开展"法治江淮行"集中宣传报道，展示以科技赋能普法和以传统文化浸润普法的徽风皖韵实践，网络话题"全国网络普法行安徽站"阅读量超 11 亿次。

国家宪法日主题宣传成效显著。网信部门在国家宪法日前后，统一开展"尊宪崇法"重大主题网络法治宣传，大力推进"宪法进网络"，凝聚法治磅礴力量，推动宪法精神充盈网络空间，为弘扬宪法精神注入"最大增量"。各地各网站共推出宪法主题宣传活动 3000 余场次，宪法精神内容宣传解读网络报道 19 万篇次，网上点击量达 23.5 亿次。

专栏 11　"尊宪崇法"重大主题网络法治宣传

中央网信办在 2024 年国家宪法日前后，组织各地网信部门集中开展"尊宪崇法"网络法治宣传，重点指导 12 个省市开展网上

续表

> 网下宪法宣传活动，推动形成法治宣传强势正能量。北京、河南、浙江等地推出的活动相关互动话题，频频登上同城热搜榜。上海、安徽、江苏、新疆等地广泛开展宪法进商圈、进校园、进企业、进社区、进网络等活动，促进宪法宣传的网上网下"双向奔赴"。湖南通过线上海报、网络直播、Vlog 等多元方式，将高质量的法治宣传作品推向公众视野，辐射受众超 2 亿人次。重庆通过网络普法品牌专栏《网信说法》，推动宪法内容故事化，推出深度报道、记录片、短视频近 500 条。云南推出国家宪法日 AIGC 宣传短片，广西发布"南宁普法数智人"网络形象，贵州推出"小折耳根"普法表情包。新浪微博、抖音、快手平台的网络互动主话题"尊宪崇法"阅读、播放总量5.9亿次。

网络安全普法全面深化。在民法典宣传月、全民国家安全教育日、国家网络安全宣传周以及开学季等重要时间节点，各地各部门广泛发动、积极组织，充分利用网络法治品牌栏目、公众账号等网络阵地，瞄准不同网络受众群体，针对性宣传《网络安全法》《关键信息基础设施安全保护条例》《生成式人工智能服务管理暂行办法》等法律法规规章，大力普及网络法律知识，弘扬网络法治精神，增强网络法治意识。2024年国家网络安全宣传周法治日主题活动围绕新技术新应用安全管理、网络违法犯罪打击等主题组织交流研讨，并同步举办网络安全主题展览，向社会公众宣传普及网络安全法律知识。

网络数据安全普法深入开展。2024年9月《网络数据安全管理条例》公布后,司法部、国家网信办负责人围绕出台背景、总体思路、个人信息保护、保障重要数据安全等问题答记者问,并组织相关专家进行专业解读,在司法部官网、中国网信网等进行转载宣介。网信部门在做好《数据安全法》《个人信息保护法》等相关法律宣传的同时,进一步加强《网络数据安全管理条例》以及《促进和规范数据跨境流动规定》《个人信息出境标准合同办法》《数据出境安全评估办法》等配套法规和规章制度宣传,并指导科研机构举办"数据治理研讨会"、发布数据治理研究报告等,积极宣介解读网络数据安全制度规则。

反电信网络诈骗普法有力推进。中央宣传部、公安部联合启动"全民反诈在行动"集中宣传月活动,通过"进社区、进农村、进家庭、进学校、进企业"等活动,围绕地区、行业、群体特点开展有针对性的普法宣传,筛选公布高发电信网络诈骗类型和典型案例,切实增强群众的防骗意识和识骗能力,积极营造全民反诈、全社会反诈的浓厚氛围。国家反诈中心联合外交部领事保护中心和教育部留学服务中心制作推出《海外防范电信网络诈骗宣传手册》,切实提高海外中国公民的防范意识和能力。

重点加强特殊群体针对性普法。各地各部门着力加强未成年人网络保护法治宣传,推动未成年人网络保护向纵深发展。浙江、贵州、西藏等地网信部门聚焦未成年人网络保护，开展"e起护未来""守'未'凉都·e路'童'行""e法同行 守护未来"等法治宣传活动，努力构筑未成年人网络保护"防火墙"。全国法院系统充分发挥典型案例的示范引领作用，及时发布老年人权益保护典型案例，维护老年人合法权益。全国妇联、中央网信办、司法部、农业农村部联合组织开展"巾帼普法乡村行"活动，深化面向农村的法治宣传教育，把法律知识和维权服务送到广大农村妇女身边，助力推进乡村全面振兴。

（三）创新应用网络技术，丰富网络法治宣传形式方法

各地各部门紧跟互联网发展步伐，在可视化呈现、互动化传播上下功夫，用群众喜闻乐见的方式，将专业法律知识形象化、生活化、通俗化，让网络法治理念和常识"飞入寻常百姓家"。

拓展场景式、沉浸式宣传载体。各地各部门在公益广告宣传栏、特色公交专线、户外电子屏、居民小区等场所，精心布设网络法治宣传标语、展播法治公益视频，让网络法治宣传深入人心，着力推动网络法律法规家喻户晓。云南开通中老铁路"e路有法 命运与共"网络普法

国际专列，将网络普法与文化交流有机融合。

用好互联网新技术新方式。各地各部门主动利用数字化、智能化手段，通过文字、图片、视频、直播、话题、榜单、云课堂、专题专栏以及数字人、H5、AI、Vlog、SVG 动画、共享单车提示音等网络表达形式，推出趣味性、互动性、多样态网络普法作品，增强网络法治宣传的时代性和吸引力。北京"京小 e"、天津"獬豸智脑"、安徽"庐小包"等人工智能普法工具初显成效。

强化线上线下宣传深度融合。各地各部门将线下普法集市、非遗创作、花式打卡、灯光秀、无人机表演等广受欢迎、备受关注的法治宣传场景，通过 VR 虚拟场景等技术"迁移"至网上，并通过二维码等方式将线上网络法治宣传内容"嵌入"线下场景，强化线上线下法治宣传内容衔接转化，以丰富内容带动网络高人气与大流量，让人民群众感兴趣、走进来、学进去。

（四）聚焦重点普法主题，发挥网络法治宣传引导作用

各地各部门广泛深入开展网络普法，充分宣传网络法治护航信息化发展、促进高质量发展与高水平安全良性互动、维护人民群众网络合法权益所取得的成果。

凸显网络法治保障高质量发展。国家版权局聚焦优化法治化营商环境、发展新质生产力、规范新技术新应用新业态发展等主题，举办以"加强版权法治保障，护航新质生产力发展"为主题的第八届中国网络版权保护与发展大会。各地各网站推出"你点我播""你问我答""以漫普法"系列融媒体作品，广泛开展"法治护企"宣讲，深入阐释我国坚持发展和安全并重、促进创新和依法治理相结合的原则，以良法善治保障新业态新模式健康发展的鲜明立场。

凸显网络法治护航高水平安全。各地深入开展"网络普法进企业"等系列活动，着重宣传网络安全相关法律法规，帮助企业依法合规开展网络业务运营、自觉加强网络和数据安全防护。北京市组织人工智能领域有关院士、专家及企业高级管理人员，推出"大咖聊网安"系列主题活动，上海市组织开展网络安全系列法治宣传，增强网信企业及从业人员网络安全意识和法治素养。

凸显网络法治回应人民群众新期待。针对网络空间存在的网络暴力、侵犯个人信息权益等侵害人民群众合法权益的突出问题，各地结合实际、因地制宜，组织"网络法律明白人"、法治领域网络"大V"等开展各类针对性强、实效性强的普法宣传，着力提升人民群众网络法治意识，增强依法维护网络合法权益能力，让广大网民在用网上网中感受到更多获得感、幸福感、安全感。云南、河北精心打造创作"抵制网络谣言""反网络暴力""天下无诈"等网络普法视频，网上点击量近2.3亿次。

（五）强化网络法治研究，推动理论实践同频共振

网络法治研究在学科建设、理论创新等方面持续强化，与网络法治实践同频共振、相辅相成。

完善网络法治学科专业布局。2024年1月，网络与信息法学被确立为法学二级学科，成为高校法学教育的重要组成部分。国务院学位委员会更新并发布《急需学科专业引导发展清单（2024年）》，新纳入数字法治、数据安全、网络安全国际治理、网络安全实践技术等急需学科专业领域，引导学位授予单位加强建设。通过学位授权审核、自主审核和动态调整的方式，新增网络空间安全、法学、法律等相关学科专业博士点32个、硕士点30个。通过本科专业备案和审批的方式，新增网络空间安全等相关专业点25个。教育部更新发布《职业教育专业目录》，增补数据安全技术与管理、密码工程技术2个职业本科专业。

繁荣网络法治学术研究。2024年，网络法治研究密切关注人工智能等新技术对法律体系的影响，积极回应社会

热点动态。《中国社会科学》《法学研究》《中国法学》等知名期刊发表百余篇网络法治研究相关理论文章，中国法学会网络与信息法学研究会及知名高校、法治研究机构等组织开展系列相关研讨活动。在网络法治基础理论方面，提出构建更符合技术治理需求的法治研究范式。在人工智能发展治理方面，探索提出符合人工智能发展规律和我国技术产业发展实际的治理建议，围绕人工智能发展面临的数据处理、著作权保护、侵权责任等热点问题形成相关研究成果。在网络数据治理方面，围绕数据跨境流动、数据权属界定、公共数据授权使用等数据基础制度形成相关研究成果。在个人信息保护方面，围绕敏感个人信息处理规则、未成年人个人信息保护要求等形成相关研究成果。此外，相关研究还涉及网络平台法律责任、数字人权、网络暴力、网络犯罪等问题，进一步拓展了网络法治研究的广度和深度。

六、涉外网络法治稳步推进

党的二十届三中全会《决定》明确，加强涉外法治建设；完善涉外法律法规体系和法治实施体系，深化执法司法国际合作。2024年，我国加快完善涉外网络法治规则，积极参与网络空间国际规则制定，持续开展网络空间国际交流合作，主动搭建网络法治交流国际平台，凝聚网络空间发展治理共识，推进全球互联网治理法治化进程。

（一）积极参与国际规则制定，推动完善涉外网络法治制度

2024年，我国加快制定完善网络领域涉外法律法规，积极参与网络空间国际规则制定，为全球互联网发展治理贡献中国方案。

着力提升网络领域涉外立法质效。我国坚持突出重点，坚持问题导向，在数据安全、数据跨境流动等领域积

极完善涉外法律法规，不断提升网络领域涉外立法的质量和效率。《网络数据安全管理条例》在适用范围、个人信息保护、数据跨境流动、国际合作等方面设立了涉外条款。在适用范围方面，明确在中华人民共和国境外开展网络数据处理活动，损害中华人民共和国国家安全、公共利益或者公民、组织合法权益的，依法追究法律责任；在个人信息保护方面，细化对境外网络数据处理者的管理要求，明确在我国境内设立专门机构或者指定代表的境外网络数据处理者，应当将有关机构的名称或者代表的姓名、联系方式等报送网信部门；在数据跨境流动方面，明确网络数据处理者可以向境外提供个人信息的条件，规定可以按照缔结或者参加的国际条约、协定向境外提供个人信息；在国际合作方面，明确国家积极参与网络数据安全相关国际规则和标准的制定，促进国际交流与合作。《促进和规范数据跨境流动规定》优化数据出境管理制度，对数据出境安全评估、个人信息出境标准合同、个人信息保护认证等数据出境制度作出优化调整，在进一步夯实我国数据依法有序自由流动制度基础的同时，凸显了我国坚定不移推进高水平对外开放的决心。

支持发挥联合国在网络空间国际治理中的主渠道作用。我国坚定维护以联合国为核心的国际体系，积极承担符合自身发展阶段和国情的国际责任，为国际网络治理积极提供中国方案。2024年6月，支持联合国发布"全球信息诚信原则"，包括"社会信任和韧性，独立、自由和多元化的媒体，健康的激励机制，透明度和研究，赋予公众权力"五大原则，旨在遏制错误和虚假信息以及仇恨言论的传播。7月，提出加强人工智能能力建设国际合作决议并在联合国大会通过，充分彰显我国对人工智能发展和治理的负责任态度和重要引领作用。基于《中国关于全球数字治理有关问题的立场》，建设性参与磋商全过程并推动《全球数字契约》于2024年9月在联合国未来峰会上通过，为全球数字治理合作建立国际框架和指导原则。3月、7月、12月，先后参加联合国信息安全开放式工作组七期、八期、九期会，推动工作组达成第三份年度进展报告。12月，联合国大会协商一致通过《联合国打击网络犯罪公约》，旨在加强国际合作与交流，促进更有效地预防和打击网络犯罪，为全球范围内打击网络犯罪合作提供法律框架。我国作为世界贸易组织（WTO）电子商务谈判的重要参加方和提案方，与80多个成员推动达成电子商务协议稳定文本，形成一套关于数字贸易的基本规则，包括电子签名、电子发票、网络安全风险合作、在线消费者保护、禁止对电子传输征收关税等。

专栏12　《联合国打击网络犯罪公约》获得通过

　　2024年12月，联合国大会协商一致通过具有里程碑意义的《联合国打击网络犯罪公约》（以下简称《公约》），开启了网络空间国际规则新篇章。《公约》是网络领域首个由联合国主持制定的公约，也是自互联网诞生以来，国际社会首次在全球范围内就网络治理达成的一项具有法律约束力的公约，构建了预防和打击网络犯罪的国际合作机制。

　　《公约》首次将网络主权理念转化为具有约束力的法律规则，明确规定各国在履行《公约》义务时应恪守主权平等、领土完整和不干涉内政原则。《公约》规定向发展中国家提供技术援助、加强能力建设等举措，不仅有效反映了发展中国家的诉求和关切，也充分彰显了全球南方在国际规则制定进程中的影响力。

持续扩大与其他国家、地区的网络治理规则共识。我国积极与其他国家、地区在数据跨境流动、新兴技术、电信服务等领域开展双边规则谈判与合作。2024年5月，我国与法国就人工智能和全球治理发表联合声明，提出加强人工智能治理国际合作以及各人工智能治理框架和倡议之间的互操作性。同月，中国—阿拉伯国家合作论坛第十届部长级会议通过《中国—阿拉伯国家合作论坛2024年至2026年行动执行计划》，包括中阿双方支持中国外交部和阿盟秘书处签署"中阿网络和数据安全合作谅解备忘录"草案，加强数据治理政策、规则、制度、技术和标准对接协调，共同维护和完善多边数据治理机制，打造开放、公正、非歧视的数字发展环境。同月，国家网信办与印度尼西亚国家网络与密码局续签《关于发展网络安全能力建设和技术合作的谅解备忘录》，进一步深化和拓展中印尼网络安全领域合作。6月，国家网信办与德国数字化和交通部签署《关于中德数据跨境流动合作的谅解备忘录》，促进在数据跨境流动议题上的交流，推动中德网络空间治理合作。9月，中非合作论坛北京峰会通过《中非合作论坛—北京行动计划（2025—2027）》，加强在数据跨境流动规则、新技术合规安全应用、个人隐私保护、互联网法律法规等方面交流，共同推进全球数字治理规则制定。10月，中国—东盟自贸区3.0版谈判实质性结束，将高水平的个人信息保护、数字贸易标准、无纸贸易、网络安全等规则条款纳入3.0版，为深化双方数字经济合作确立了制度安排。12月，《中华人民共和国政府和新加坡共和国政府关于进一步升级〈自由贸易协定〉的议定书》生效，在服务贸易、投资、电信服务等领域作出高标准的制度性安排，并进一步拓展中新双方在数字经济等新兴领域的合作。此外，我国务实推动《数字经济伙伴关系协定》（DEPA）的谈判进程，积极参与二十国集团（G20）、亚太经合组织（APEC）等组织的数字经济规则制定和国际治理，推进健全网络空间国际规则。

（二）广泛分享中国治网理念，深入开展网络法治国际交流合作

我国始终支持网络法治领域的国际交流合作，积极分享我国网络空间治理理念主张，在网络安全、数据跨境流动、新兴技术赋能数字化转型等方面加强国际交流。同时，积极与各国执法司法机构开展合作，携手打击网络恐怖主义、网络诈骗等网络犯罪，共同应对全球网络治理挑战。

开展网络法治多边、双边对话交流。2024年7月，上海合作组织成员国领导人签署并发表《上海合作组织成员国元首理事会阿斯塔纳宣言》，强调联合国在应对信息威胁方面的关键性作用，主张在尊重国家主权和不干涉他国内政原则基础上建立安全的信息空间。9月，二十国集团（G20）数字经济部长会议召开，围绕普遍和有意义互联互通、数字政府、信息完整性、人工智能等议题进行讨论，审议通过《G20数字经济部长宣言》。10月，金砖国家领导人第十六次会晤通过《喀山宣言》，强调在信息通信技术环境中推动尊重国家主权和主权平等，反对破坏该领域国际合作及全球供应链可持续性的单边行为。12月，参加在沙特阿拉伯首都利雅得召开的第19届联合国互联网治理论坛，国家网信办举办以"数据治理的法治化"为

主题的"零日活动",积极宣介我国依法治网理念特别是数据治理法治建设的成就和经验,共同探寻有益于维护人类共同价值的数据治理法治化实现路径。此外,与相关国家和地区在网络政策法规和治网实践等方面开展务实交流,举行新一轮中俄信息安全磋商,举办中韩互联网发展圆桌会议,举行中美人工智能政府间对话首次会议。

强化网络领域涉外执法司法合作。我国积极与各国各地区开展交流合作,携手打击网络恐怖主义、网络诈骗等网络犯罪,不断深化与相关国家和地区的合作形式与内容,推动与重点区域、重点国家的合作提质升级。2024年8月,我国与泰国、柬埔寨、老挝、缅甸、越南共同发布《澜湄合作框架下加强打击跨境犯罪合作的联合声明》,主张成员国将打击电信网络诈骗及各种形式的网络赌博犯罪作为优先合作事项,鼓励六国执法和安全部门为此密切配合,促进信息共享,加强边境管控。9月,中国—中亚国家最高法院院长会议在乌鲁木齐市开幕,会议专题研讨打击暴恐、毒品、腐败、网络犯罪等涉及的法律适用问题和跨国司法合作,强调加强区域国际刑事司法合作,合力打击跨境犯罪。10月,第十四届中国—东盟成员国总检察长会议在新加坡召开,中缅双方就共同防范电信网络诈骗、建立常态化合作协同机制开展深入交流。同月,中国检察代表团访问马来西亚,围绕两国检察机关打击治理电信网络诈骗等网络犯罪以及加强刑事司法协助等方面进行深入交流，进一步加强在打击电信网络诈骗、恐怖主义等跨国犯罪领域的务实合作。此外，我国还与白俄罗斯发布联合公报，表示将联合打击网络犯罪，共同保障两国合作项目及企业人员安全。

（三）全面搭建国际交流平台，促进网络治理共商共建

我国充分发挥国际交流平台在全球网络治理中的积极作用，借助世界互联网大会、中非互联网发展与合作论坛、世界人工智能大会等，促进各国在网络安全、数据保护、人工智能等方面的合作。

充分发挥世界互联网大会平台作用。从互联网领域的国际盛会发展为国际组织，世界互联网大会始终致力于搭建全球互联网共商共建共享平台，推动国际社会顺应信息时代数字化、网络化、智能化趋势，共迎安全挑战，共谋发展福祉，携手构建网络空间命运共同体。2024年4月，世界互联网大会数字丝路发展论坛在陕西西安开幕，为推动共建"一带一路"高质量发展注入新动能，为国际经济合作打造新平台。我国与各方携手推进数字丝路建设，共享数字经济发展红利，深化数字技术创新合作，加强数字

文化交流互鉴，共建数字治理规则体系，共同推动构建网络空间命运共同体迈向新阶段。11月，举办以"拥抱以人为本、智能向善的数字未来——携手构建网络空间命运共同体"为主题的2024年世界互联网大会乌镇峰会。其间，成立人工智能专业委员会，该委员会是世界互联网大会设立的首个专业性、常态化分支机构。人工智能专业委员会秉持搭建国际交流合作平台、推动发展与治理协同、促进全球共享人工智能发展成果的原则，通过开展专题研讨、成果分享、倡议发布等活动，不断凝聚国际共识，促进人工智能包容普惠、可持续发展。2024年世界互联网大会乌镇峰会正式发布《全球数据跨境流动合作倡议》全文，明确了我国促进全球数据跨境流动合作的立场主张和建设性解决思路，为推进国际数据治理与合作注入强劲动力。峰会期间还发布《全球人工智能治理研究报告》《促进开放、协作、共赢的数据国际合作》《中国互联网发展报告2024》和《世界互联网发展报告2024》蓝皮书等重大报告，受到海内外广泛关注。

拓展网络法治国际交流平台。2024年4月，2024年中非互联网发展与合作论坛在福建厦门举办。论坛以"共建数字创新伙伴关系，共创数字合作美好未来"为主题，旨在通过深入交流研讨，凝聚数字合作新共识，共商数字合作新举措，论坛期间就"中非网络安全合作现状与前景""人工智能安全与治理"等议题展开对话与讨论。7月，2024世界人工智能大会暨人工智能全球治理高级别会议在上海举办。会议以"以共商促共享 以善治促善智"为主题，旨在发挥"科技风向标、应用展示台、产业加速器、治理议事厅"的重要作用，向世界展示"中国智慧""上海方案"；发表《人工智能全球治理上海宣言》，提出促进人工智能发展、维护人工智能安全、构建人工智能治理体系、加强社会参与和提升公众素养、提升生活品质与社会福祉等重要内容；大会法治论坛发布《人形机器人治理导则》。

七、网络法治建设的形势与展望

2025年是"十四五"规划和《法治中国建设规划（2020—2025年）》《法治政府建设实施纲要（2021—2025年）》《法治社会建设实施纲要（2020—2025年）》的收官之年，也是全面深化网信领域改革、推进网络强国建设的关键一年。新征程上，网络法治建设机遇与挑战并存，在党和国家事业发展全局特别是网络强国建设中的定位和作用更加凸显，肩负着新的更加重要的使命和任务。

（一）网络法治建设面临新机遇新挑战

法治是互联网治理的基本方式。当前，以互联网为代表的信息技术日新月异，引领了社会生产新变革，创造了人类生活新空间，拓展了国家治理新领域。与此同时，互联网在快速发展的过程中也面临一系列新的课题，新技术新应用层出不穷、新情况新问题不断涌现，网络法治建设面临新形势新任务新挑战。

发展新质生产力、推动网信事业高质量发展，需要更好以法治引领创新、促进发展。当前，信息化迈向数字化、网络化、智能化全面跃升的新阶段，技术创新进入密集活跃期、要素配置进入持续优化期、产业结构进入深刻调整期，信息技术成为新生产工具、信息基础设施成为新生产条件、数字经济成为新动力引擎，给生产力和生产关系带来前所未有的变革，也对互联网发展治理提出了新课题新挑战。国产人工智能大模型 DeepSeek 以"中国速度"席卷全网，受到海内外科技界广泛关注，被誉为大模型行业最大"黑马"；终端设备直连卫星产业成为全球卫星移动通信领域发展的重点之一，成为促进新质生产力发展的强大动力等，对网络法治建设提出了新要求。应对新的挑战，需进一步处理好改革与法治、发展和安全、守正与创新、管理与服务之间的关系，更好发挥法治在排除改革阻力、巩固改革成果中的积极作用，在法治轨道上全面深化网信领域改革发展，更好平衡技术产业发展需求和市场秩序维护的关系，持续营造有利于技术产业发展的网络法治环境。

满足人民群众美好生活需要、保障网络空间合法权益，需要更好拓展法治作用空间。近年来，我国积极回应人民群众呼声诉求，制定出台一系列法律法规，加强对人民群众"急难愁盼"问题的依法治理，取得积极成效。但同时，随着社会群体类型和构成越来越多样，价值取向和利益诉求也越来越多元，相关矛盾问题交织叠加，特别是网络空间还存在一些侵害人民群众合法权益的突出问题，网络水军、网络暴力、"自媒体"乱象等有待深化治理，算法滥用、侵犯个人信息权益等现象依然存在，新就业形态劳动者权益维护制度仍需加强，对网络法治建设提出了新要求。需进一步把体现人民利益、反映人民愿望、维护人民权益、增进人民福祉作为网络法治工作的出发点和落脚点，让人民群众在互联网发展中有更多获得感、幸福感、安全感。

应对各类交织叠加风险、筑牢网络安全屏障，需要更好健全完善网络法律制度。互联网成为人民群众生产生活的新空间，各类社会风险向网络空间传导趋势明显，网络安全已成为最复杂、最现实、最严峻的非传统安全问题之一。关键信息基础设施网络安全风险加剧，网络攻击威胁上升，事故隐患易发多发，各类网络违法犯罪活动时有发生，颠覆性技术加速创新迭代，技术安全风险变量频现，数据越发成为各行业发展运行的"血液"，数据安全成为事关国家安全与经济社会发展的重大问题，网络空间治理面临的复杂性、艰巨性前所未有，对网络法治建设提出了新挑战。需进一步强化底线思维、极限思维，对各类风险动向保持高度警惕，加强战略性、前瞻性研究，不断健全网络空间法律制度，丰富完善工具箱、储备库，坚决守住网络安全底线。

构建网络空间命运共同体、推动全球互联网治理体系变革，需要更好参与引领国际规则制定。当前，全球网络空间发展不平衡、规则不健全、秩序不合理等问题日益凸显，网络领域国际竞争特别是规则制定权的竞争日趋激烈，人工智能、数据资源成为塑造全球战略态势的关键变量。欧盟《人工智能法》生效，网络安全、新技术新应用治理、平台治理、"网红"治理等引起全球关注，世界各国网络法治建设步伐不断加快。同时，网络领域首个由联合国主持制定的全球性公约《联合国打击网络犯罪公约》出台，运用法治观念、法治思维和法治手段推动互联网发展治理成为全球普遍共识，给网络法治建设带来了新机遇。需进一步秉持相互尊重、和平共处、合作共赢的原则，加强网络法治国际交流合作，推动制定各方普遍接受的网络空间国际规则，推动全球互联网治理朝着更加公正合理的方向发展。

（二）2025年中国网络法治建设展望

中国网络法治建设坚持以习近平新时代中国特色社会

主义思想特别是习近平法治思想、习近平文化思想和习近平总书记关于网络强国的重要思想为指导，全面贯彻党的二十大和二十届二中、三中全会精神，始终坚持以人民为中心的根本立场，坚持"一张网、一盘棋"的系统观念，坚持改革和法治相统一的科学方法，坚持依法治网实践需要的目标导向，切实服务网信事业高质量发展、保障网络空间高水平安全，奋力谱写网络法治建设新篇章。

——坚持以人民为中心的根本立场，紧紧围绕人民群众对网络空间法治建设的新要求新期待，聚焦"网信为民、法治担当"主题主线，加强法治为民理论研究和理念阐释，运用法治手段解决人民群众网络空间"急难愁盼"。

——坚持"一张网、一盘棋"的系统观念，切实强化网络法治统筹协调，加强网络空间法治建设顶层设计和总体谋划，完善网络法治工作协调机制，进一步树牢大局意识、强化统筹能力、提升机制效能、形成工作合力。

——坚持改革和法治相统一的科学方法，以制度建设为主线，运用法治思维和法治方式破解治网难题，凝聚网络空间"最大公约数"，及时通过制度建设巩固治网成果，持续推动党管网治网的重大方针政策和科学部署入法入规。

——坚持依法治网实践需要的目标导向，准确把握网络强国建设面临的新形势新任务新要求，聚焦深化改革目标要求、依法治网实践急需，统筹推进网络法治各方面工作,确保网信事业发展到哪里,网络法治建设就跟进到哪里。

聚焦主题主线,进一步凝聚网络法治工作合力。切实树牢以人民为中心的发展思想,围绕"网信为民、法治担当"主题主线,以践行全过程人民民主为理念指导,以"人民群众满意"为评判标准,以解决人民群众"急难愁盼"为努力方向,策划开展网络法治主题宣传、发表理论文章,统筹开展关于加强新时代网络法治工作的相关指导意见等总结评估,协调相关部门推出一批网络法律法规实施典型案例,发挥网络立法联系点渠道阵地作用,充分凝聚网络法治建设共识与合力。

突出重点领域,进一步完善网络法律规范体系。聚焦促进新质生产力发展,加快推进人工智能、数字经济、电子单证应用、终端设备直连卫星服务管理等重点领域新兴领域立法,完善相关立法涉网法律制度,引导规范行业健康发展。聚焦营造清朗网络空间,推进修改《网络安全法》,完善互联网信息服务管理、"自媒体"、算法治理等法律制度。聚焦网络空间权益保护,推进制定反网络暴力高位阶立法,完善《未成年人网络保护条例》配套规定。聚焦筑牢网络空间安全屏障,健全《网络数据安全管理条例》配套规定,制定个人信息保护合规审计管理、人脸识别技术应用安全管理、个人信息出境认证管理等制度规范。

坚持防治并举，进一步提升网络执法质效。深入推进网络执法协调机制建设，推动形成横向协同、纵向联动的全国网络行政执法工作机制。推进严格规范公正文明网络执法，健全适应互联网发展治理新特点的监督管理执法措施，推进跨领域跨部门联合执法，严厉打击网络违法违规行为。加强网络传播秩序规范治理，依法压实网站平台主体责任。持续开展"清朗"等系列专项行动，有力打击各种网络乱象。严厉惩治电信网络诈骗等违法犯罪，依法维护各类群体网络合法权益，保障人民群众人身和财产安全。

践行公平正义，进一步发挥网络司法职能。完善数据权益司法保护制度，完善涉网络侵权、人工智能、算法和涉数据不正当竞争等新类型案件的裁判规则。强化对涉网纠纷的协同监管，压实平台预防化解涉网纠纷的主体责任，完善风险预警和协同化解机制。大力加强网络空间未成年人权益的综合司法保护，切实维护网络空间安全，服务数字经济健康发展。加强电信网络诈骗违法犯罪打击整治，推进综合治理、建立长效机制。

丰富内容供给，进一步增强网络法治宣传实效。强化内容供给，坚持内容为王、效果导向，围绕网络法律法规宣传普及，将网络法治宣传与习近平法治思想生动实践、管网治网现实需要有机结合，精心开展重大主题宣传。加强统筹协调，构建更加完善的网络法治宣传格局，创新开展网络法治主题宣传，形成网络普法品牌矩阵，实现"多媒体传播""破圈出群"。丰富手段方式，用好互联网新技术新方式，强化趣味性、互动性、多样态的宣传语态和表现形式，加强线上线下法治宣传内容的衔接转化，打通线下宣传场景与线上宣传内容的循环渠道，让法治内容"近在眼前、触手可及"。

深化开放合作，进一步拓展涉外网络法治成效。建立健全同高质量发展、高水平开放要求相适应的涉外网络法治体系。积极参与人工智能、数据安全、个人信息保护等领域国际标准和规则制定，深化打击网络违法犯罪等领域国际交流与务实合作，积极向国际社会分享我国推动网络空间法治化的实践经验，共同应对网络空间全球性课题，携手推进全球互联网治理法治化进程。指导支持国内高校、科研院所丰富网络法治国际交流合作形式，加强成果转化。

附录　中国网络法治大事记（2024年）

1月1日，《未成年人网络保护条例》施行。该条例是我国第一部专门性的未成年人网络保护综合立法，重点规定了促进未成年人网络素养、加强网络信息内容建设、保护未成年人个人信息、防治未成年人沉迷网络等制度。

1月4日，广东省互联网信息办公室发布《关于落实〈粤港澳大湾区（内地、香港）个人信息跨境流动标准合同实施指引〉的通知》，以促进粤港澳大湾区个人信息跨境安全有序流动。

1月18日，工业和信息化部公布《业余无线电台管理办法》，自2024年3月1日起施行。该办法细化了业余无线电台管理政策，规范了业余无线电台许可、操作技术能力验证、日常使用等事项。

1月18日，工业和信息化部公布《工业和信息化部关于修改部分规章的决定》，自公布之日起施行。该决定对现行《电信设备进网管理办法》《非经营性互联网信息服务备案管理办法》的部分条款进行修订。

1月22日，中国学位与研究生教育学会发布由国务院学位委员会第八届学科评议组、全国专业学位研究生教育指导委员会编修的《研究生教育学科专业简介及其学位基本要求（试行版）》。该文件将网络与信息法学列为法学二级学科，明确网络与信息法学是以调整网络与信息领域社会关系中的法律规范为研究对象的法学学科。

1月31日，中央网信办在北京召开网络执法工作协调机制成员单位全体会议，建立健全信息互联互通共享、线索移送等工作机制，提升依法治网协同合作能力，推动形成齐抓共管、合力推进的网络执法格局。

2月4日，教育部公布《2023年度普通高等学校本科专业备案和审批结果》，支持25所高校设置网络空间安全本科专业。

2月27日，中华人民共和国第十四届全国人民代表大会常务委员会第八次会议修订通过《中华人民共和国保守国家秘密法》，自2024年5月1日起施行。该法完善了网络信息保密管理制度，明确网络信息的制作、复制、发布、传播等各个环节均应当遵守国家保密规定。

2月28日，中央网信办在天津召开全国网络法治工作会议。会议总结回顾网络法治建设30年成效经验，分析网络法治工作面临的新形势新任务，研究部署2024年网络法治工作。

2月28日,"全国网络普法行"系列活动启动仪式在天津举行。启动仪式后,"全国网络普法行·京津冀站"在北京、天津、河北三地网上网下同步开展。

3月15日,国务院公布《中华人民共和国消费者权益保护法实施条例》,自2024年7月1日起施行。该条例细化对网络直播营销活动以及直播平台经营行为的监管,完善网络消费相关规定,明确经营者保护消费者个人信息的义务。

3月20日,中央网信办在北京召开全国网络执法与监督工作会议。会议回顾总结网络执法工作进展,分析当前面临的形势任务,研究部署2024年网络执法与监督工作。

3月22日,国家网信办公布《促进和规范数据跨境流动规定》,自公布之日起施行。该规定对数据出境安全评估、个人信息出境标准合同、个人信息保护认证等数据出境制度作出优化调整。

3月22日,国家网信办发布《数据出境安全评估申报指南(第二版)》和《个人信息出境标准合同备案指南(第二版)》,对申报数据出境安全评估、备案个人信息出境标准合同的方式、流程和材料等具体要求作出说明,对数据处理者需要提交的相关材料进行了优化简化。

3月22日,自然资源部印发《自然资源领域数据安全管理办法》，自印发之日起施行。该办法明确了自然资源领域数据范围，并对数据分类分级管理、数据全生命周期安全管理、数据安全监测预警与应急管理作出规定。

4月15日，财政部、国家网信办印发《会计师事务所数据安全管理暂行办法》，自2024年10月1日起施行。该办法在注册会计师行业对国家网络和数据安全管理相关规定作出细化。

4月25日，"全国网络普法行·江苏站"活动在无锡启动。启动仪式上，上线习近平法治思想"E起学习"平台，发布江苏省网络普法特色案例，签署长三角地区网络普法2024年度联合倡议等。

4月30日，市场监管总局会同商务部、国家文物局发布《关于促进网络拍卖规范健康发展的指导意见》，促进网络拍卖市场高质量发展。

5月6日，市场监管总局公布《网络反不正当竞争暂行规定》，自2024年9月1日起施行。该规定全面梳理列举了网络不正当竞争行为，突出强调了平台主体责任，优化了执法办案程序规定。

5月10日，工业和信息化部印发《工业和信息化领域数据安全风险评估实施细则（试行）》，自2024年6月1日起施行。该细则明确了工业和信息化领域数据处理者开展数据安全风险评估工作的相关要求。

5月15日，中央网信办、中央编办、工业和信息化部、公安部联合发布《互联网政务应用安全管理规定》，自2024年7月1日起施行。该规定明确了建设运行互联网政务应用应当遵守的要求。

5月28日，最高人民法院发布《关于全面加强未成年人司法保护及犯罪防治工作的意见》。该意见对当前未成年人司法保护和犯罪防治工作中的突出问题，提出了明确的指导意见和要求。

5月30日，内蒙古自治区第十四届人民代表大会常务委员会第十次会议通过《内蒙古自治区数字经济促进条例》，自2024年7月1日起施行。该条例涵盖数字基础设施建设、数字产业化和产业数字化等内容。

5月30日，湖南省第十四届人民代表大会常务委员会第十次会议通过《湖南省数字经济促进条例》，自2024年7月1日起施行。该条例涵盖数据资源开发利用、数字技术和数字生态创新等内容。

6月，中央网信办编撰的《中国网络法治三十年》报告由人民出版社出版，全面回顾我国网络法治建设三十年的发展历程、理念原则、经验启示和实践成效，科学展望网络法治的美好愿景，为全球互联网发展治理贡献中国的法治智慧和法治方案。

6月12日，国家网信办联合公安部、文化和旅游部、广电总局公布《网络暴力信息治理规定》，自 2024 年 8 月 1 日起施行。该规定是我国首部以部门规章形式公布的反网络暴力专门立法，从明确网络信息内容管理主体责任、建立健全预防预警机制、规范网络暴力信息和账号处置、强化用户权益保护等方面，为加强网络暴力信息治理提供有力支撑。

6 月 18 日，国务院新闻办举行网络法治保障高质量发展新闻发布会，国家网信办会同最高人民法院、工业和信息化部、市场监管总局介绍网络法治保障数字经济发展、数据跨境流动、人工智能法治建设等方面情况。

6 月 21 日，中央网信办组织召开"网络法治护航网络强国建设"座谈会，深入学习领会习近平法治思想和习近平总书记关于网络强国的重要思想，系统总结我国网络法治建设三十年的成就经验，准确把握网络法治建设的新形势新任务，明确努力方向，凝聚工作合力，为网络强国建设和网信事业高质量发展提供有力法治保障。

6 月 24 日，中央宣传部、公安部联合启动以"警惕诈骗新手法，不做电诈工具人"为主题的"全民反诈在行动"集中宣传月活动，进一步加强反诈宣传力度，切实增强群众的防骗意识和识骗能力。

6 月 24 日，最高人民法院公布《关于审理垄断民事纠纷案件适用法律若干问题的解释》，自 2024 年 7 月 1 日起施行。该司法解释从相关市场界定、规制垄断协议、规制滥用市场支配地位等方面，总结提出了针对性和科学性的裁判规则，积极回应信息技术和数字经济领域反垄断热点与难点问题。

6月27日，"全国网络普法行·内蒙古站"活动在包头启动。启动仪式上，对内蒙古自治区网络普法典型案例、第二届网络普法新媒体大赛优秀作品进行展播，为全区十二盟市"网络强国宣讲团"代表及"网络法律明白人"代表授旗，并发布网络普法宣传倡议。

6月28日，中华人民共和国第十四届全国人民代表大会常务委员会第十次会议修订通过《中华人民共和国突发事件应对法》，自2024年11月1日起施行。该法进一步完善突发事件应对法律规范，并对个人信息保护等相关内容作出规定。

6月28日，最高人民法院、市场监管总局联合发布依法惩治网络传销犯罪典型案例，对网络传销犯罪释法说理，提升群众传销辨识能力。

7月4日，2024世界人工智能大会暨人工智能全球治理高级别会议在上海举办，发表《人工智能全球治理上海宣言》。该宣言提出促进人工智能发展、维护人工智能安全、构建人工智能治理体系、加强社会参与和提升公众素养、提升生活品质与社会福祉等重要内容。

7月4日，上海合作组织成员国领导人签署并发表《上海合作组织成员国元首理事会阿斯塔纳宣言》，强调联合国在应对信息威胁方面的关键性作用，主张在尊重国家主权和不干涉他国内政原则基础上建立安全的信息空间。

7月10日，国务院公布修订后的《中华人民共和国保守国家秘密法实施条例》，自2024年9月1日起施行。该条例进一步健全保密管理体制机制，加强网络使用保密管理，明确网络运营者对依法实施的保密违法案件调查和预警事件排查的配合义务。

7月11日，第十届中国互联网法治大会主论坛在京举办。该论坛以"人工智能时代的法治变革与创新"为主题，聚焦人工智能时代的网络法治理论和实践领域重点热点问题开展交流分享。

7月26日，公安部、国家网信办联合就《国家网络身份认证公共服务管理办法（征求意见稿）》公开征求意见，拟进一步探索实施网络可信身份战略，推进国家网络身份认证公共服务建设，保护公民身份信息安全。

7月26日，最高人民法院、最高人民检察院、公安部联合发布《关于办理跨境电信网络诈骗等刑事案件适用法律若干问题的意见》。该意见解决了办理跨境电信网络诈骗及其关联犯罪案件中遇到的犯罪集团认定、诈骗金额查证和人员案件关联等法律适用和证据标准问题。

7月28日，最高人民检察院发布检察机关依法惩治利用网络暴力侵犯企业合法权益典型案例。案例涉及利用网络敲诈勒索企业、损害商业信誉、寻衅滋事等犯罪。

7月29日，中央网信办会同中央依法治国办、教育部组织召开"迈向网络法治新征程 推动网络法治新发展"研讨会。与会领导和专家回顾和总结了中国网络法治建设取得的亮点成就，探讨和展望了新征程上网络法治建设的新蓝图和新愿景。

8月22日，"全国网络普法行·云南站"活动在昆明启动。启动仪式上，网络连线普法现场，分享讲述网络普法的实践、经验与感悟，展播"法润彩云南"融媒体获奖作品、2024年度云南省网络普法典型案例。仪式现场还为"法治光辉照边疆"主题采访活动进行了授旗。

9月4日，国家密码局公布《电子政务电子认证服务管理办法》，自2024年11月1日起施行。该办法对电子政务电子认证服务机构资质认定、行为规范、监督管理等提出明确要求。

9月5日，民政部、国家网信办、工业和信息化部、公安部、金融监管总局联合公布《个人求助网络服务平台管理办法》，自公布之日起施行。该办法细化了求助信息的真实性查验等相关规定。

9月5日，公安部会同国家发展改革委、工业和信息化部、中国人民银行联合印发《电信网络诈骗及其关联违法犯罪联合惩戒办法》，自 2024 年 12 月 1 日起施行。该办法明确了惩戒原则、惩戒对象、惩戒措施、分级惩戒、惩戒程序、申诉核查等相关规定。

9 月 8 日，第十一届国家网络安全宣传周在广州市开幕。宣传周期间，全国网络安全标准化技术委员会发布《人工智能安全治理框架》1.0 版；围绕新技术新应用安全管理、网络违法犯罪打击等开展法治日主题活动。

9 月 9 日，国家网信办与澳门特别行政区政府经济财政司签署《关于促进粤港澳大湾区数据跨境流动的合作备忘录》，促进内地与澳门数据跨境安全有序流动，推动粤港澳大湾区高质量发展。

9 月 10 日，国家网信办与澳门特别行政区政府经济及科技发展局、澳门特别行政区政府个人资料保护局共同公布《粤港澳大湾区（内地、澳门）个人信息跨境流动标准合同实施指引》，自公布之日起生效。该指引明确了通过订立标准合同的方式进行粤港澳大湾区内内地和澳门之间的个人信息跨境流动的相关要求。

9 月 14 日，国家网信办就《人工智能生成合成内容标识办法（征求意见稿）》公开征求意见。该征求意见稿拟进一步规范人工智能内容标识要求和方法。

9 月 21 日，中共中央办公厅、国务院办公厅印发《关于加快公共数据资源开发利用的意见》。该意见从扩大公共数据资源供给、规范公共数据授权运营、推动数据产业健康发展、营造开发利用良好环境、强化组织实施等方面提出了17项具体措施。

9月24日，国务院公布《网络数据安全管理条例》，自2025年1月1日起施行。该条例提出了网络数据安全管理总体要求和一般规定，细化了个人信息保护规定，完善了重要数据安全制度，优化了网络数据跨境安全管理规定，明确了网络平台服务提供者义务。

9月27日，国家网信办就《终端设备直连卫星服务管理规定（征求意见稿）》公开征求意见。该征求意见稿拟规定终端设备直连卫星服务相关支持措施，明确网络安全、数据安全、个人信息保护和消费者权益保护等制度，提出终端设备入境、地面设施建设等要求，并拟明确相关监督管理机制。

10月12日，国家发展改革委就《公共数据资源登记管理暂行办法（公开征求意见稿）》公开征求意见。该征求意见稿旨在促进公共数据资源合规高效开发利用，构建全国一体化公共数据资源登记体系，规范公共数据资源登记工作。

10月12日，国家数据局就《公共数据资源授权运营实施规范（试行）》（公开征求意见稿）公开征求意见。

该征求意见稿旨在推进公共数据资源开发利用，规范公共数据资源授权运营，促进一体化数据市场培育，释放数据要素价值。

10月14日，中国气象局就《人工智能气象应用服务暂行办法》（征求意见稿）公开征求意见。该征求意见稿旨在鼓励和促进人工智能气象应用服务健康有序发展，建立人工智能气象应用服务秩序。

10月18日，市场监管总局印发《关于引导网络交易平台发挥流量积极作用扶持中小微经营主体发展的意见》。该意见旨在发挥平台流量积极作用，支持帮扶中小微经营主体抓住数字化转型机遇，激发中小微经营主体发展活力。

10月29日，"全国网络普法行·安徽站"活动在合肥启动。启动仪式上，网络连线普法示范点，分享"互联网+普法"故事，发布法治论文征集等优秀作品及知识竞赛获奖情况，为"安徽省网络普法e站"授牌。活动期间，组织开展2024年"全国网络普法行"总结座谈。

10月29日，工业和信息化部印发《工业和信息化领域数据安全事件应急预案（试行）》，自2024年11月1日起实施。该预案是工业和信息化领域数据安全事件处置工作的指导性政策文件。

11月8日，中华人民共和国第十四届全国人民代表大会常务委员会第十二次会议通过修订后的《中华人民共和国反洗钱法》，自2025年1月1日起施行。该法进一步加强反洗钱领域的个人信息和数据安全保护。

11月15日，国家网信办发布《移动互联网未成年人模式建设指南》。该指南细化了不同主体的具体建设任务，为企业履行未成年人网络保护义务提供指引。

11月20日，世界互联网大会乌镇峰会开幕，中国在峰会期间发布《全球数据跨境流动合作倡议》。该倡议就各方普遍关切的数据跨境流动治理问题提出了建设性解决思路，明确中国促进全球数据跨境流动合作的立场主张。

11月25日，国家发展改革委公布修订后的《电力监控系统安全防护规定》，自2025年1月1日起施行。该规定明确了电力监控系统范围，提出了强化措施，优化了管理体系。

11月29日，国家数据局就《关于完善数据流通安全治理 更好促进数据要素市场化价值化的实施方案（征求意见稿）》公开征求意见，拟进一步促进数据要素合规高效流通利用。

11月29日，海南省第七届人民代表大会常务委员会第十四次会议通过《海南自由贸易港数字经济促进条例》，自2024年12月1日起施行。该条例结合海南自由贸易港发展实际，推动数字经济与实体经济深度融合。

12月6日，《国务院关于修改和废止部分行政法规的决定》公布，自2025年1月20日起施行。该决定对《互联网上网服务营业场所管理条例》《互联网信息服务管理办法》等行政法规进行了修改，在全国范围推广自由贸易试验区暂时调整适用有关行政法规规定试点的成功经验，取消了部分审批事项、将部分审批事项改为备案管理。

12月15日，第19届联合国互联网治理论坛在沙特阿拉伯首都利雅得举办，以"建设我们的多利益相关方数字未来"为主题，围绕数字空间创新、和平与发展、人权包容性及数字治理改善等核心议题展开讨论。

12月16日，国务院常务会议通过《公共安全视频图像信息系统管理条例（草案）》。该条例重点规范公共场所建设公共视频系统、采集视频图像信息的行为，旨在更好维护公共安全、保护个人隐私。

12月18日，市场监管总局印发《网络交易执法协查暂行办法》，进一步规范执法协查行为，推动建立高效顺畅的网络交易执法协作机制。

12月19日，黑龙江省第十四届人民代表大会常务委员会第十九次会议通过《黑龙江省数字经济促进条例》，自2025年3月1日起施行。该条例从培育发展新型要素形态、发展壮大数字产品制造业和数字技术应用服务业、应用数智技术、构建数字治理新格局等方面作出规定。

12月20日，国家数据局等部门印发《关于促进企业数据资源开发利用的意见》。该意见聚焦破除企业数据资源开发利用的堵点难点问题，提出13项具体措施。

12月24日，联合国大会一致通过《联合国打击网络犯罪公约》。该公约作为网络领域首个由联合国主持制定的、具有法律约束力的全球性公约，旨在加强国际合作，预防和打击网络犯罪。

12月27日，金融监管总局发布《银行保险机构数据安全管理办法》，自公布之日起施行。该办法要求银行保险机构建立健全数据安全管理制度，采取有效的管理和技术措施加强数据安全保护，确保客户信息和金融交易数据的安全。

12月28日，国家发展改革委等部门印发《关于促进数据产业高质量发展的指导意见》，围绕促进数据产业高质量发展，加强产业规划和政策保障，提出8个方面22条具体举措。

12月31日，北京市第十六届人民代表大会常务委员会第十四次会议通过《北京市自动驾驶汽车条例》，自2025年4月1日起施行。该条例聚焦制约自动驾驶汽车发展的实际问题，提出基础设施规划建设、上路通行管理、安全保障等相关制度规范。

12月31日，上海市第十六届人民代表大会常务委员会第十八次会议通过《上海市促进浦东新区运用区块链赋能电子单证应用若干规定》，自2025年1月1日起施行。该规定是专门规范区块链赋能电子单证应用并创新支持和保障电子单证权益的地方性法规。

后　记

2024年是习近平总书记提出网络强国战略目标10周年，也是我国网络法治建设起步30周年。党的二十届三中全会审议通过《中共中央关于进一步全面深化改革、推进中国式现代化的决定》，对完善中国特色社会主义法治体系进行了战略谋划，也对网络法治建设作出新要求新部署。在以习近平同志为核心的党中央坚强领导下，2024年我国网络法治建设迈出坚实步伐，有力服务保障了网信事业高质量发展。

为深入学习宣传贯彻习近平新时代中国特色社会主义思想特别是习近平法治思想、习近平文化思想和习近平总书记关于网络强国的重要思想，进一步总结网络法治工作经验、凝聚网络法治共识，国家网信办组织编写了《中国网络法治发展报告（2024年）》，全面展现我国2024年网络法治建设的丰硕成果，系统分析网络法治建设面临的新形势新任务，科学展望下一步网络法治建设方向。

本报告是首部以国家网信办名义发布的网络法治领域综合性年度报告，既是《中国网络法治三十年》报告的续篇，也是中国网络法治发展系列年度报告的开篇，对充分展现网络法治建设新进展新成效，谱写网络法治建设新篇章具有重要意义。希望本报告的编写发布，能为读者更好理解我国网络法治建设的基本理念、基本内容和基本要求，以及为深化对我国网络法治建设的规律性认识、促进提升广大人民群众法治意识和法治素养提供有益帮助。

国家网信办高度重视本报告的编写，将其列入重点工作安排。国家网信办网络法治局具体承担了本报告的编写工作。报告编写过程中，得到了中央和国家机关有关单位、各省（区、市）网信办和新疆生产建设兵团网信办的鼎力相助，也得到理论界专家学者的大力支持，他们不仅提供了丰富翔实的材料，还提出了许多富有建设性的意见。中国信息通信研究院为报告编写提供了有力支撑。在此我们深表谢意。

日迈月征，时盛岁新。站在中国网络法治新的历史起点上，历史和时代赋予网络法治工作新的更加重要的使命和任务，我们也将始终以网络法治新成效为网络强国建设提供更加坚强有力的服务保障。

编　者
2025 年 4 月

图书在版编目（CIP）数据

中国网络法治发展报告. 2024 年 / 国家互联网信息办公室著. -- 北京：中国法治出版社，2025.4.
ISBN 978-7-5216-5207-9

Ⅰ. D920.0

中国国家版本馆 CIP 数据核字第 2025UH6664 号

责任编辑：程　思　　　　　　　　　　　　　　　封面设计：蒋　怡

中国网络法治发展报告. 2024 年
ZHONGGUO WANGLUO FAZHI FAZHAN BAOGAO. 2024 NIAN

著者/国家互联网信息办公室
经销/新华书店
印刷/北京虎彩文化传播有限公司
开本/710 毫米×1000 毫米　16 开　　　　　　　印张/6.5　字数/51 千
版次/2025 年 4 月第 1 版　　　　　　　　　　　2025 年 4 月第 1 次印刷

中国法治出版社出版
书号 ISBN 978-7-5216-5207-9　　　　　　　　　定价：20.00 元

北京市西城区西便门西里甲 16 号西便门办公区
邮政编码：100053　　　　　　　　　　　　　　传真：010-63141600
网址：http://www.zgfzs.com　　　　　　　　　编辑部电话：010-63141806
市场营销部电话：010-63141612　　　　　　　　印务部电话：010-63141606

（如有印装质量问题，请与本社印务部联系。）